本成果得到教育部人文社会科学研究青年基金项目"早市与晚集：中国参与式预算的比较研究"（项目批准号：22YJC810010）的资助，同时受北京语言大学校级科研项目"社会治理视野下预算参与改革的跨国比较"（中央高校基本科研业务费专项资金）资助，项目批准号为20YBB17。

|光明学术文库| 政治与哲学书系|

参与式预算的制度比较
——对阿莱格雷港、纽约、南昌的案例分析

项 皓 | 著

光明日报出版社

图书在版编目（CIP）数据

参与式预算的制度比较：对阿莱格雷港、纽约、南昌的案例分析 / 项皓著. -- 北京：光明日报出版社，2022.11

ISBN 978-7-5194-6912-2

Ⅰ.①参… Ⅱ.①项… Ⅲ.①地方政府—行政管理—研究—世界 Ⅳ.①D523.5

中国版本图书馆 CIP 数据核字（2022）第 216666 号

参与式预算的制度比较：对阿莱格雷港、纽约、南昌的案例分析
CANYUSHI YUSUAN DE ZHIDU BIJIAO DUI ALAIGELEIGANG NIUYUE NANCHANG DE ANLI FENXI

著　　者：	项　皓		
责任编辑：	李月娥	责任校对：	乔宇佳
封面设计：	中联华文	责任印制：	曹　净

出版发行：光明日报出版社
地　　址：北京市西城区永安路 106 号，100050
电　　话：010-63169890（咨询），010-63131930（邮购）
传　　真：010-63131930
网　　址：http://book.gmw.cn
E - mail：gmrbcbs@gmw.cn
法律顾问：北京市兰台律师事务所龚柳方律师
印　　刷：三河市华东印刷有限公司
装　　订：三河市华东印刷有限公司
本书如有破损、缺页、装订错误，请与本社联系调换，电话：010-63131930

开　　本：	170mm×240mm		
字　　数：	215 千字	印　张：	16
版　　次：	2023 年 4 月第 1 版	印　次：	2023 年 4 月第 1 次印刷
书　　号：	ISBN 978-7-5194-6912-2		
定　　价：	95.00 元		

版权所有　　翻印必究

序

在过去的三十年当中，世界政治发生深刻的改变。柏林墙倒塌，苏联解体以及东欧剧变，一时之间似乎预示了一个繁荣时代的来临，一个以自由民主、经济发展和全球化、信息化为代表的世界的来临，从某种意义上来说，这是真实的，但是远不足以概括人类面临的一切。

危机首先是海湾战争，卢旺达大屠杀，"9·11"恐怖袭击等令人瞩目的悲剧性事件。无论是在成熟的民主社会还是在种族冲突的地区，政治制度都无法规避潜在的侵犯个人自由和安全的不理性因素。接下来是2008年席卷全球的金融危机，这场混乱由次贷问题扩展，却不仅仅是一个经济问题，这成为造成一系列动荡秩序的根源。发展中国家的贫困问题尚未解决，发达国家的经济停滞又造成新的恐慌。紧跟着，则是2010年底的"阿拉伯之春"，中东的民主化带着全世界的期待，最终进入一个严冬，数以万计的人民的生活变得更加苦难。最近几年，无论是自由左派还是民粹右派都陷入一种恐惧当中，移民问题、女权问题以及逆全球化的发展和强人政治的兴起都让我们熟悉的新自由主义秩序陷入停顿。当今世界对于民主的认知呈现双重的悖论，对于民主的支持仍然维持在较高的水准，但同时一部分人觉得新自由主义秩序根本就是一个谎言，战后的世界既不"自由"，也没有"民主"，更从未建立一个为多数认可的秩序。

那么，当一个"想象中"的秩序开始松动时，希望也从中诞生，我们先抛开那些概念宏大的词汇，转而将目光带到在过去三十年中成长起来的新事物——参与式预算当中，这项被联合国认定为民主创新中最"伟大的一项创新"。参与式预算的伟大，可以从各个角度解读：首先，在过去三十年间，它从巴西兴起，继而风靡全球，无论是在国际大都市的纽约（New York），还是在秘鲁兰巴耶克（Lambayeque）区的一个小村庄，以及葡萄牙里斯本（Lisbon）的一所中学，肤色不同、经济水平各异的人们都通过一套既定的规则，学习讨论和自己生活相关的公共资金问题；其次，参与式预算强劲发展的势头也证实了它与现有政治制度的融合性，无论是发达国家还是发展中国家，参与式预算提升了政府的包容度和社会的参与度；最后，参与式预算的重要意义在于它不是孤立的个体，它是作为全球治理创新中重要的一部分出现的，同时与各国的政治发展进程和改革紧密相关。在西班牙，参与式预算网络继"愤怒者"运动（Movimiento 15-M）后在马德里（Madrid）成为主流行政工具；在俄罗斯，它与中央层面的选举管制做博弈，给民间释放了自由的空间；在它的发源地巴西，它随着工人党上台兴起，又随着工人党衰败走向没落。参与式预算不是一成不变的，从它的发展，以小见大，可以观察到一个国家和地区政治发展的脉络和政治文化发展的重心，以及它与其他政治制度间的互动过程。

另一个对于学术研究有利的条件是，参与式预算由于其和国际组织的紧密关系以及各国研究者大多兼任实践者的身份，在三十年的发展中已建立完备的研究网络，研究人员彼此分享信息和经验，理论与实践紧密结合。在这些已有的研究当中也存在尚未发掘的地方，比如，参与式预算是如何与特定的政治制度相结合，是否有实证材料支撑参与式预算对于民主发展、公民自由以及激活社会组织方面有积极的影响，同时，参与式预算的比较通常局限在美洲和欧洲地区。因此，本研究希望以三个国家中的城市案例为出发点，来比较参与式预算的制度设计和其与正式政治制度间的关联，并客观衡量参与式预算的实际影响。

这里，本研究希望澄清一些事情：首先，当我们来研究一个国家或城市采取参与式预算的时候，我们在称赞其对于公共参与的重要意义时，并不意味着这一良好的目的最终将直接导入良好的实施绩效，也不排除这项经验在将来可能受挫或被取消。但是本研究认为，这种失败不一定是参与式预算本身的问题，而是在与特定政治社会背景结合之下发生的扭曲。其次，参与式预算的一个大的特征就是没有一个固定的统一的模式，对参与式预算的区域性研究正是基于它在各种政治体制下的不同表现。现在大多数的民主讨论聚焦在代议制民主上，而以参与式预算为代表的直接民主，或者说是参与式民主在提升公民对国家生活的公共参与方面有更加出众的表现则较少讨论。这是我们关心的重点。选举民主的问题也许只是民主缺陷的一部分，而世界民主的发展是沿着直接民主或参与式民主的路径在走，也就是普通公民直接参与公共事务的决定。最后，本研究希望讨论一个在参与式民主文献研究中被忽略的问题，也是政治学者胡安·林茨（Juan J. Linz）在《民主转型与巩固的问题》一书提出的，即在一个非选举民主国家中能否产生一个有效运行的民主政治亚体制？公共参与的制度设计能否超越政体的限制？从政治上看，这似乎是不可能的，因为一个地方的政治设计变动将给全国带来一个借鉴学习的机会。但是从我们的实证研究中能得出一种结论，即治理创新中的制度变迁只是公共生活革新的一个面向，预算参与在促进基层自治发展的同时并不会对整个结构性根本政治制度进行发难。参与式预算的重要意义，就在于它不仅代表了一个良好治理的新方向，也是世界政府创新的典范。

目 录
CONTENTS

第一章　参与式预算：实践与现有的研究 …………………… **1**
　第一节　参与式预算的实践与理论 ……………………………… 1
　第二节　案例选择与研究方法 …………………………………… 16

第二章　参与式预算的制度、行动者和内在逻辑 …………… **26**
　第一节　界定参与式预算 ………………………………………… 27
　第二节　从参与式民主到协商民主 ……………………………… 35
　第三节　参与式预算的内在逻辑 ………………………………… 48

第三章　阿莱格雷港：作为激进化民主的策略 ……………… **68**
　第一节　红色改革：巴西参与式预算 …………………………… 68
　第二节　城市脉络：阿莱格雷港三十年浮沉史 ………………… 79
　第三节　未境的奇迹：参与式民主的迷思 ……………………… 95

第四章　纽约：作为发达国家的公民创新……………… **106**
　　第一节　重新发现民主：美国参与式预算……………… 106
　　第二节　城市脉络：纽约市参与式预算………………… 116
　　第三节　后来居上：从试点到正式制度………………… 129

第五章　南昌：政府治理下的居民自治………………… **139**
　　第一节　早市与晚集：中国参与式预算………………… 139
　　第二节　城市脉络：南昌市参与式预算………………… 150
　　第三节　运动式参与：一种特殊的集体行为…………… 160

第六章　预算参与的模式：基于三地的比较…………… **170**
　　第一节　民意偏好的形成………………………………… 171
　　第二节　主权的束缚之链条……………………………… 181
　　第三节　参与模式的转变：实践的公民社团生活……… 193

第七章　结论………………………………………………… **206**
　　第一节　预算参与的实践空间…………………………… 206
　　第二节　参与式预算的国家脉络………………………… 213

参考文献……………………………………………………… **222**

后　　记……………………………………………………… **239**

第一章

参与式预算：实践与现有的研究

第一节 参与式预算的实践与理论

参与式预算指的是一系列的制度安排。在这种安排下，政府有限公共资源的使用由公民参加的公开的协商（反复讨论）过程来决定，包括三个具体要素，即公民参与、反复协商与决定公共资源。在本小节当中，将要讨论参与式预算的发展实践，参与式预算的已有研究和参与式预算的未来走向。

一、参与式预算的发展实践

巴西的民主化一波三折，时至今日，巴西在民主巩固方面仍存在诸多问题，但它是这项民主创新的发源地。20世纪80年代是巴西民主转型的重要时期，参与式预算出现在这里时，与新建立的民主体制的需求息息相关，带有浓厚的左翼社会主义色彩。在巴西南部最大的州南里奥格兰德（Rio Grande Do Sul）的首府阿莱格雷港（Porto Alegre），民众反抗威权军政府的行动由来已久。1988年，左翼的工人党赢得市长选举，但是与军政府相比缺乏资源，也未能拿到南里奥格兰德州议会的多数席次，因此工人党在州政府的预算方面没有话语权。另外，工人党长期以来在社会运动中积攒了大量与公民社会团体的联络，同时又受到意识形态上"激进民主"（radical democracy）、"直接民主"（direct democracy）、"深化民主"（deepening democracy）和"民主的民主化"（democratizing democracy）的影响，① 于是从1989年开始推行参与式预算（葡语Orçamento Participativo，简称OP），自下而上地汇集公民的决策意见。市政府协助公民讨论，让公民通过直接或间接的方式，参与公共预算的控制，并促成公共资源向弱势的社区倾斜，繁荣基层社区。②

在这一时期，工人党的角色是一个局外人和改革派，参与式预算承担了公共预算之外的很多功能，工人党将其作为"品牌"工程，把自己和参与、民主、社会正义等价值挂钩，寻求更广泛的社会支持。③ 在最初的参与式预算当中，工人党为参与式预算设置的目标包含四个方面：①公民直接参与政府决策过程的监督；②通过增强财政透明度来震

---

① GOLDFRANK B. The Politics of Deepening Local democracy: Decentralization, Party Institutionalization, and Participation [J]. Comparative Politics, 2007, 39（2）: 147-168.

② 因为巴西阿莱格雷港的首创之功，对参与式预算发生的研究已有非常充足的介绍和论述，具体内容见可见，ABERS R. Inventing Local Democracy: Grassroots Politics in Brazil [M]. Boulder: Lynne Rienner Publishers, 2000. 以及 BAIOCCHI G. Participation, Activism and Politics: The Porto Alegre Experiment and Deliberative DemocraticTheory [J]. Politics& Society, 2001, 29（1）: 43-72. GOLDFRANK B. Deepening Local Democracy in Latin America: Participation, Decentralization, and the Left. PA: Pennsylvania State Press, 2011. WAMPLER B. Participatory Budgeting in Brazil: Contestation, Cooperation and Accountability [M]. PA: Pennsylvania State Press, 2010.

③ WAMPLER B. When Does Participatory Democracy Deepen the Quality of Democracy? Lessons from Brazil [J]. Comparative Politics, 2008, 41（1）: 61-81.

慑腐败；③改善城市的基础设施和服务，帮助贫困人口；④翻转政治文化，让公民成为民主代理人（democratic agents）。① 在这样的理念和实际帮助下，工人党在20世纪90年代的地方选举中多有斩获，作为工人党的"功臣"，参与式预算也扩展到巴西其他地区。20世纪末21世纪初，随着工人党的领袖卢拉（Lula）在2002年当选全国总统，参与式预算在巴西的发展达到一个顶峰。据统计，在1989年到1992年间，巴西实施了13个参与式预算项目；在1993年到1996年间，这一数字增加到53个；在1997年到2000年间增加到120个，到2004年增加到了190个。②

经由巴西，参与式预算在国际上也得到了广泛传播，20世纪初在巴西召开的"世界社会论坛"（World Social Forum）是参与式预算一个重要的宣传途径。③ 由于历史上的殖民关系，当时的南欧，特别是位于葡萄牙、意大利和西班牙的左派政党及联盟以一种"家长式的审视"，将参与式预算当作一种取得社会资源控制权的方式，强调经济资源的再分配。在这些国家里，民主的选举更加制度化，参与式预算更多起到了连接政治人物和选民的作用，实现了行政的现代化和有效治理的目

---

① GANUZA E, BAIOCCHI G. The Power of Ambiguity: How Participatory Budgeting Travels the Globe [J]. Journal of Public Deliberation, 2012, 8（2）：1-12.

② Thiago Augusto Velos Meira, Daniel Coelho Oliveira, Vagner Santana Caminhas. Mapeamento das experiências brasileiras de or amento Participativo（1989—2008）[EB/OL]. EFDeportes. com, Revista Digital, 2013-09.

③ ALLEGRETTI G, HERZBERG C. El "Retorno de las Carabelas": Los Presupuestos Participativos de America Latina en el Contexto Europeo [J]. Transnational institute, FIM, 2004：working paper 转引自 Fedozzi J L, Lima K P. Participatory Budgetis in Brail [M] //Hope for Democracy: 25 Years of Participatory Budgeting Worldwide. In Loco Association, 2014：153-163.

标。① 参与式预算在欧洲的扩散并非是线性与单一的，而是与各个国家内部的结构和政治制度相结合，有针对青少年、移民、老年人、妇女的参与式预算，也有城市范围内的参与式预算，但都保留了参与式预算的关键要素，即公共参与的可复制性。

参与式预算在欧洲的生根发芽和它的积极影响也吸引了联合国和世界银行在内的国际组织的注意，他们开始有计划地将这一项目推向更多的发展中国家，如非洲和中美洲。在北美和亚洲等地，参与式预算也受到广泛的欢迎。参与式预算契合了大环境下全球治理创新的趋势，同时因其与预算和公共参与结合的属性，得到各国政府的认可和支持，也展现出了不同的发展特点。在美国，参与式预算成为扩大公民权利、打击种族主义的有效手段；非洲国家的参与式预算呈指数式增长，为当地的基础设施建设奠定了基础；韩国则开创了亚洲参与式预算全国性立法的示范，将这一民主创新的举措和正式制度的关系固定下来，保障其发展的永续性。截至2018年，全球已建立了7000多个参与式预算的实验，②惠及五大洲诸多国家的人民，发展势头迅猛。

二、参与式预算的已有研究

作为政府治理创新实践中的宠儿，参与式预算也博得学界的广泛关注，且积累了丰富的研究材料。这些资源既包括对单一个案详细深入的关注，也包括近些年开展的对跨国案例的比较。自从参与式预算在巴西

---

① Brunmartos M I, Lapsley I. Democracy, Governmentality and Transparency: Participatory Budgeting in Action [J]. Public Management Review, 2016, 19 (7): 1006-1021.
② 因为参与式预算的一项特征即可以适用于不同的行政层级，因此在统计上这7000多个试验可能发生在全国、州、省市、地方等不同的行政区域。

兴起，它一直被认为是民主创新的典范，被归为"参与式治理"（participatory governance）① 的范畴，它被认为是民众的声音，且正式扩展到投票箱以外的政治决策领域，将公共决策权下放到由公民和官员共同认可的一个场所当中。② 参与式治理不是要取代传统的代议制度，而是要拓展公共决策的场域，在这样的诠释下，参与式预算和其他为公众熟知的策略（游说、抗议、罢工等）一样，都是公民获取信息和自我表达的途径。因此，接下来的研究将从已有文献的角度总结参与式预算在发挥其民主效能方面的作用。

（一）参与式改革与民主发展

褒奖参与式改革对于民主的积极意义有充分的理论论述，但是参与式治理改革对于加强地方政治实践能力的实证论述却显得不足。参与式改革的一部分研究集中在对个别改革案例详细地描述上，③ 通过这些研究可以总结出参与式改革给当地政治带来的细微改变，比如，在传统意义上，政治冷漠的人群被吸引到新型的政治决策实验中；也可以详细区分这些参与式改革和既有政治体制的不同，比如，这些改革更加注重公民知情权的获得。另一部分研究则是侧重于探讨实施这些参与式改革的要件，这时，拉美的参与式预算常被拿来做参考，分析其改革的背景以

---

① FUNG A, WRIGHT E O. Deepening Democracy: Institutional Innovations in Empowered Participatory Governance [J]. Politics & Society, 2001, 29 (1): 5-41.
② WAMPLER B. Participation, Representation and Social justice: Using Participatory Governance to Transform Representative Democracy [J]. Polity, 2012, 44 (4): 666-682.
③ 相关的研究可见沃伦对于英属哥伦比亚公民会议的介绍中，WARREN M, PEARSE H. Designing Deliberative Democracy: The British Columbia Citizens' Assembly [M]. Cambridge: Cambridge University Press, 2008. 以及 KNOBLOCH K, GASTIL J, Justin REEGY J, et al. Did they Deliberate? Applying an Evaluative Model of Democratic deliberation to the Oregon Citizens' Initiative Review [J]. Journal of Applied Communication Research, 2013, 41 (2): 105-125.

及政治条件，并阐明改革可能造成的对当地政治的影响。①

在评估参与式改革的影响力文献当中，有三个方向的关注重点：其一，参与式改革是如何改变公民个体的态度、智识和政治效能感，比如，对于公民陪审团和 21 世纪公民会议的检视。② 其二，则是借助于对单一案例的过程追踪，总结参与式过程对于社区的影响力，这方面的研究通常在细节上非常出色，比如，白奥奇（Gianpaolo Baiocchi）对于参与式预算发源地阿莱格雷港的地方政治分析。③ 其三，则是对于参与式改革，特别是参与式预算的比较研究，因为一些地方实行了参与式预算而另一些地方还没有，这给了社会科学研究者一个天然的实验室，来评估参与式预算对地区层面政治的影响力是否真实存在。比如，白奥奇和合作者通过对照实验的方法，研究参与式预算是否真实改变了当地公民社会和国家的联系程度，④ 万普勒（Brian Wampler）通过追踪社区领袖的方式，来观察参与式预算有没有促进公民社会行动者之间的连接。⑤

当参与式预算向全球范围内扩展后，研究也将不局限于单一国的分

---

① 这方面的研究可见麦克奈尔蒂分析参与式预算在秘鲁公民社会的作用 MCNULTY S. Participatory democracy? Exploring Peru's Efforts to Engage Civil society in Local Governance [J]. Latin American Politics and Society, 2013, 55 (3): 69-92.
② NABATCHI T, LEIGHNINGER M. Public Participation for 21st Century Democracy [M]. San Francisco: Jossey-Bass. 2015. GASIL J, DILLARD J. Increasing Political Sophistication through Public Deliberation [J], Political Communication, 2001, 16 (1): 3-23.
③ BAIOCCHI G. Politicizing the Civic: Participatory Budgeting in Porto Alegre [M] // Patricio Silva, Herwig Cleuren. Widening Democracy: Citizens and Participatory Schemes in Brazil. Leiden: Brill, 2009: 115-137.
④ BAIOCCHI G, HELLER P, SILVA M K, Bootstrapping Democracy Transforming Local Governance and Civil Society in Brazil [M]. Redwood: Stanford University Press, 2011: 59-63.
⑤ WAMPLER B. Entering the State: Civil Society Activism and Participatory Governance in Brazil [J]. Political Studies, 2012, 60 (2): 341-362.

析，如果要证实参与式预算的效能是普遍性的，那么它应当在其他地区也表现出相同的作用。但是各国的政治制度千差万别，给研究者带来巨大的挑战，因此研究通常会选择参与式预算特定的环节进行对比。比如，法朗哥（Roberto Falanga）等对于巴西和葡萄牙两国参与式预算扩散机制的研究，揭示了在威权政体和民主政体中，参与式预算的运作方式和主要目标的差异，在政党和社会代理人的共同促进下，这些最终导致传播的差异。① 类似的研究还有万普勒（Brian Wampler）和吉尔曼（Hollie Gilman）对于美国和巴西参与式预算的比较，他们选择从制度设计入手，比较了参与式预算和不同选举制度、民间社会以及资源之间的互动，他们认为，在不同的政治制度下，借由同一套规则设计最终可能导向不同的结果。② 在最近的参与式预算研究网络中，由葡萄牙的社会组织牵头，同时得到国际组织的支持，频繁开展对参与式预算跨国案例的总结。这方面的文献被总结在了参与式预算 25 年研讨会的文集和参与式预算 30 年研讨会的文集《民主的希望》（*Hope for Democracy*）一书中，相关的数据库也在逐渐完善，搭建一个可以用来衡量参与式预算的系统性模型和方法成为研究人员共同的心愿。但是这样的努力也面临两个问题，第一个不足是充斥了过多的单一案例研究，而且多数选择的是成功的案例，事实上引入参与式预算的城市本身就有其特殊性，这带来的问题是，我们讨论参与式预算的正面效果是否有意义。第二个不足是参与式预算在各个国家被引入之时就有不同的目标，它们起到的作用更是各不相同，因为它们本身就是不同制度背景的产物。参与式预算的

---

① Roberto Falanga, Lígia Helena Hahn Lüchmann. Participatory Budgets in Brazil and Portugal: Comparing Patterns of Dissemination [J]. Policy Studies, 2019: 1-20.
② GILMAN H, WAMPLER B. The Difference in Design: Participatory Budgeting in Brazil and the United States [J]. Journal of Public Deliberation, 2019, 15 (1): Article 7.

意义,不仅在于其背后是否体现参与式民主或直接民主的价值,而且在于是否将其作为对代议制民主的补充,更在于建立正式的沟通渠道是否能弥补治理中可能存在的缺陷。

（二）作为次民主体制（democrctic subsystem）的参与式预算

在讨论参与式预算的时候,学者更倾向于去假定它是在一个民主治理体系中建立的一个局部系统,一个以参与式民主为特色的亚体制。那么问题在于,这一亚体制的有效运行是否需要依赖外在的政治制度,能否嫁接到其他国家当中？从对参与式预算国际层面分析可以看到,在发展中国家,参与式预算鼓励社会公众积极参与公共事务,要求政府预算和预算过程公开透明,这能够让政府的资源得到合理使用,是一种有效的公共资源分配方式。在这样的程序下,参与式预算可以作为一种次民主体制,培养公民对民主生活方式的认同。因此,研究参与式预算的另一种思路,就是从微观层面来解读这种协商和决定方式对社区公共生活的影响。

参与式预算诞生在 20 世纪 80 年代末,此时正是参与式民主转向协商民主（deliberative democracy）的时候,因此带有浓厚的协商民主色彩。一些协商民主理论家认为民主体制本身就意味着信息的交流和共享,[1] 另一些协商民主理论家则认为协商辩论是调和社会矛盾的一种方

---

[1] 关于审议民主理论可见 GASIL J. Political Communication and Deliberation [M]. Los Angeles: SAGE Publications, 2007. 和 FISHKIN J. When the People Speak: Deliberative Democracy and Public Consultration. Oxford: OUP Oxford, 2009.

<<< 第一章 参与式预算：实践与现有的研究

式，为了促进公共利益而非私人利益。① 因此参与式预算在理论家的指导下具有参与式民主和协商民主的特色，这也部分影响了后来的发展。参与作为民主实践的先决条件，沿着这个方向，理论家非常看好参与式预算作为"民主训练"的教育功能，强调日常场所对于民主学习的重要意义，且能够培养有责任的公民。② 这些论述都推动了参与式预算在发展的进程中被植入更多的期望和理念。但与此同时，也有学者注意到了参与式预算暴露出的弊端，比如，从众多参与的机制中总结出参与的路径依赖，怎样才能更好地引导参与；③ 警惕参与式预算为地方政治精英的利益所裹挟，偏离公共福祉。④

理论研究推进着参与式预算制度更加完善，奥斯特罗姆（Elinor Ostrom）在她获奖的著作中提到，制度配置将极大影响人们的集体行动。她在一个理性选择的框架下进行论述，认为个人不仅参与集体的一次性互动，而且与集体保持长期互动的关系。这样的见解同样适用于参与式民主和参与式预算，因为参与式预算中的重要环节就是鼓励公民讨论如何分配稀缺的公共资源，并且是以年为单位的周期性预算计划。参与式预算受到各国追捧的原因在于它能够激励公民和政府官员进行合

---

① HABERMAS J. The Structural Transformation of the Public Sphere: An Inquiry into a Category of Bourgeois Society [M]. Cambridge: MIT Press, 1989. 和 GUTMANN A, THOMPSON D. Why Deliberative Democracy? [M]. Princeton: Princeton University Press. 1996.
② MANSBRIDGE J. On the Idea that Participation Makes Better Citizens [M] //STEPHEN L E, SOLTAN K E. Citizen Competence and Democratic Institutions [M]. University Park, PA.: Pennsylvania State University Press, 1999: 291-325.
③ CARPINI M D, COOK F L, JACOBS L. Public Deliberations, Discursive Participation and Citizen Engagement: A Review of the Empirical Literature [J]. Annual Review of Political Science, 2004, 7 (1): 315-344.
④ Gaventa J, Barrett G. So What Difference Does it Make? Mapping the Outcomes of Citizen Engagement [J]. IDS Working Papers, 2010 (347): 1-72.

作，而且也应当是长期的合作。从这样的微观层面，学者对巴西的参与式预算的效用进行分析，认为它能够建立人际关系网络，激励之前不相识的民众组成更具包容性的选举联盟。① 参与式预算还在公民和政府之间搭建了信任的桥梁，另一项对于巴西某一乡村社区的研究发现，因为参与式预算的存在，村民同意将耗费更大的项目延后（因为有参与式预算资金的保障）②，有利于政府制订长期优先发展计划。对于参与式预算微观机制的分析扩展到更多的面向，在对公众会议的话语分析中，可以得出参与式预算发掘并强化了一个地区集体记忆的结论。③ 通过社会运动中资源论的视角，也可以发现参与式预算是如何获取关注的资源。而借由和公共行政学的结合，学者也能够清晰地界定参与式预算公共会议中政府官员和民众的各自角色以及能力。④

如果将参与式预算视为一种次级民主体制，不可避免地，也需要考察它在非民主国家的运转。马达加斯加的参与式预算是非洲参与式预算发展得比较成功的案例，利用参与式预算建立起来的预算编制可以使得采矿业的资源依据社会公正的标准重新分配给最需要的人，参与式预算同时还支持了教育、健康、环境等方面的工作。⑤ 在哥伦比亚，参与式

---

① AVRITZER L. Democracy and the Public Space in Latin America [M]. Princeton, NJ: Princeton University Press, 2002: 151-157.
② WAMPLER B. Participatory Budgeting in Brazil: Contestation, Cooperation, and Accountability [M]. PA: Pennsylvania State University Press, 2007: 105.
③ Yeh Hsin-Yi, Kuo-Ming Lin. Distributing Money to Commemoration: Collective Memories, Sense of Place, and Participatory Budgeting [J]. Journal of Public Deliberation. 2019, 15 (1): Article 11.
④ NABAYCHI T, LEIGHNINGER M. Public Participation for 21st Century Democracy [M]. San Francisco: Jossey-BassJohn, 2015: 260-262.
⑤ Bachir Kanout. Participatory Budgeting in Africa: A Kaleidoscope tool for good governance and Local Democracy [M] //Hope for Democracy: 25 Years of Participatory Budgeting Worldwide. In Loco Association, 2014: 77-87.

预算和民主化的历史是同步的，自上而下的改革结合了自下而上的活力，达到政治参与和行政权力下放的结果。① 参与式预算也不是没有失败的经历，在秘鲁，尽管已经被全国性立法，参与式预算仍然未能有效地吸引居民以及改善公共支出的状况。② 而在发源地的阿莱格雷港，随着工人党的下台，参与式预算经历一段名存实亡的阶段并最终没落。③ 这些研究尽管集中在单一的案例上，但是却通过对历史和政治制度变迁的解读，将参与式预算置入其中，从这些经验当中可以看出，参与式预算不是成熟民主国家所独有的，它可以在不发达国家中生根发芽，也可以和民主化进程相伴随，促进公共资源的共享，同时，它也可能在民主社会中受挫。

三、参与式预算的未来走向

经历了30年的发展，参与式预算已经拥有超过7000个实验的实践，且积累了丰富的研究材料，我们再来关注参与式预算的意义是什么？毫无疑问，本研究认为参与式预算还将会在全球继续扩散，并给世界政治带来更多影响。

参与式预算发展的第一个前景体现在参与式预算的政治教育功能上。过去的30年当中，公民对于政府的不信任程度普遍上升，代议制度遭遇危机，因此在这期间各国一直在寻求一种机制，来促进公民和政

---

① JARAMILLO R. Participatory budgeting in Colombia [M] //Hope for Democracy: 30 Years of Participatory Budgeting Worldwide. Oficina, 2018: 135-145.
② MCNULTY S. Mandating PB: Evaluating Fifteen Years of Peru's National Participatory Budgeting Law [M] //Hope for Democracy: 25 Years of Participatory Budgeting Worldwide. In Loco Association, 2014: 147-159.
③ Tarson Nuez. Porto Alegre, from a Role Model to a Crisis [M] //Hope for Democracy: 30 Years of Participatory Budgeting Worldwide. Oficina, 2018: 517-535.

治代表间的沟通和理解，比如，人民陪审团、城市规划、社区参与和协商、信息公开、协商民主日、协商抽样、咨询式参与、政策反馈意见和参与式预算等。在这些机制当中，重点都是通过政治参与，来增强普通公民对于政治的影响力，减少政治冷漠。反过来说，如果一个社会出现政治冷漠，我们应当考虑的是造成政治冷漠的原因，而不是将其视为一个正常政治制度发生的源头。根据公众参与程度和对政府政策的影响程度，即公众参与和决策过程中的影响力程度进行分类，如图1-1所示，表明全球治理的各种创新在这两个维度中的位置。

决策的层次			
高	公民陪审团		参与式预算
中	政策反馈意见网络政府服务协商日	协商抽样都市规划	
低	政府信息公开	社区协商会议政策听证会	
参与的程度	低	中	高

图1-1　全球治理创新的分类

参与式预算在这些治理创新中脱颖而出，最重要的原因就是公民的参与程度和对政府的决策程度的影响在参与式预算当中，都是最高的。而参与式预算展现出来的公民教育功能，在青年预算中体现得最为明显。参与式预算在20世纪90年代末，就开始有意识地将青少年纳入机制当中，有记录的先驱性案例包括巴西的伊卡普伊（Icapui），厄瓜多尔的科塔卡奇（Cotacachi）。① 此后的五六年间，欧洲的参与式预算，如德国和西班牙，也将青少年作为对象，这一时期欧洲的参与式发展，主要是参照巴西的经验，扩大公民权的范围，因此青年作为正式投票权之外的群体，得到关注。② 但在这一阶段，青年预算只是附属在成年人参与式预算的后面，在理论和方法上，没有给予特别的重视。那么青年预算成为参与式预算发展的一个重要组成部分是全世界范围内对于儿童和青年权利意识的关注增强。在参与式预算诞生的1989年，《联合国儿童权利公约》得到批准，这是第一部关于儿童权利的国际规定，其中第54条明确指出了青少年享有各种政治和社会权利，签署国承诺为儿童提供听取他们意见的途径，保护青少年的决策参与。在联合国的大力推动下，地方政府中的委员会和论坛开始设置青少年的代表，努力将青少年的意见和需求传递给当地官员。③ 因此，参与式预算在欧洲开始和青少年参政议政的风潮相结合，代表的案例有葡萄牙特罗法（Trofa）市的青年预算和西班牙的学校预算。参与式预算进入美国已是成熟时期，波士顿（Boston）的青年预算以"新世代、新声音、新选民＝社区改变"的口号给青年人赋权，④ 纽约市的参与式预算投票资格从15岁

---

① Cabannes, Y. Children and young people build participatory democracy in Latin American cities. Environment and Urbanization, 2006. 18 (1), 195-218.

② DIAS N. Twenty-five Years of Participatory Budgets in the World. A New Social and Political Movement [M] //Hope for democracy: 25 Years of Participatory Budgeting Worldwide. In Loco Association, 2014: 21-27.

③ Giovanni Allegretti, Maria Andrea Luz da Silva, Francisco Freitas. Experiências participativas da juventude em Portugal: reflexões emergentes do caso do OPJ da Trofa [J]. O público e o privado 2012 (20): 155-205.

④ 关于波士顿青年预算网页详情可见：https://www.boston.gov/departments/youth-engagement-and-employment/youth-lead-change.

逐步下调到11岁。参与式预算与当地学校建立伙伴关系,既能最大限度发挥公民教育的作用,同时又能保障参与式预算的长久发展。在众多对政治社会化的研究当中,都显示了民主训练的启蒙越早,对个体生命周期的影响将更加持久和巩固。

参与式预算发展的第二个前景是与国家正式制度的结合,并影响一个国家民主治理的水平。目前,参与式预算在大多数国家都只是一种比较新颖的治理创新,是一项非正式制度安排,未来发展的方向将朝着制度化和立法的方向发展,典型的代表如俄罗斯。在参与式预算的发展中,俄罗斯是后起之秀,但无论在传播的势头还是深度方面目前都首屈一指,主要原因在于俄罗斯联邦政府的财政部运用行政手段大力推广,财政部下属设置一个"参与式预算"中心,并与世界银行合作,从联邦政府层面推动全国的改革。① 同时,俄罗斯的参与式预算和法律的修订也是同步的,俄罗斯地方自治法从2003年就对公民的自治和参与做了规定,② 在法律的保障和执行下,预算的有效性被大大提高。围绕参与式预算,俄罗斯的地方政府之间形成互相竞争的局面,争取得到联邦层级的表彰,这些都成为俄罗斯政治议程中不可或缺的一部分,也提高了国家行政效率。俄罗斯在加强中央集权方面有一些强硬的措施,参与式预算激活地方政府的活力,和这样的做法形成互动,这也是参与式预算和正式制度做博弈的表现,最终将自己带入正式制度当中,让整个体

---

① SHULGA I, VAGIN V. Developing Participatory Budgeting in Russia [M]//Hope for Democracy: 30 Years of Participatory Budgeting Worldwide, Oficina, 2018: 427-445.
② Federal law #131-FZ, dated October 6, 2003, 'On general principles of local self-governance in the Russian Federation'. Chapter 5 of the law outlines several forms of citizens' exercising of and participation in local self-governance: gatherings, meetings and conferences of citizens, territorial public self-government, public polls, and other formats legitimizing the realization of participatory grassroots democracy principles.

制变得更加民主和分权。

参与式预算发展的第三个前景则是通向数字政府，让政府治理在保障参与的同时变得更有成效。关于这一点各国都有创新的举措，在西班牙的首府马德里，配合参与式预算，开发出一套城市管理软件"执政官"（Consul），居民个人可以在上面提出自己的关于公共资源的意见和想法。同时政府将官方资源的统计数据合并到地图上，居民可以看到目前公共支出集中在什么地方以及哪些领域，对自己的社区和整个城市有更多的了解，也可以在网络上进行辩论，这个平台也被其他国家和地区借用，成为参与式预算的得力助手。[1] 参与式预算还为正式选举制度改革提供了先导性实验，比如，应用优先投票法和负数票，以考察不同类型的选举方式在达成最高"满意度"方面的作用，优化选举结果。参与式预算本身是一种公共决策工具，引导人们有序地进入资源项目议题中，参与式预算也需要工具，降低公共决策的成本，实现专业责任。强势民主的理论家本杰明·巴伯（Benjamin Barber）认为，如果科技在今后起主宰作用，我们应当使民主政治发展因此受益，让科技为民主服务而不是反过来侵蚀民主的品质，[2] 参与式预算就是在科技和参与间搭建一座桥梁，推进民主治理的边界。

正是基于以上的判断和认知，本研究认为参与式预算在未来也有广阔的发展空间，并代表了民主治理的方向。中国和世界其他国家在参与式预算的实践方面取得诸多成果，在理论上也应当有一定的总结，才能帮助我们更好地认知当前的政治制度和政治环境。

---

[1] 这个软件在软件源代码托管服务平台 Github 上有开源包，详情可见 https://github.com/consul/consul.

[2] BARBER B. Three Scenarios for the Future of Technology and Strong Democracy [J]. Political Science Quarterly, 1998, 113 (4): 573-589.

第二节 案例选择与研究方法

一、案例选择与研究设计

本研究的案例选择结合了上述参与式预算的发展过程，在统计世界范围内被贴上参与式预算标签的实验时，发现一个惊人的现象，即拥有参与式预算的社会政治制度的丰富程度要远超人们的想象。这项被誉为"民主创新"的举措，却只有 4.87%~5.35% 出现在"完全民主"（full democracy）国家，有 85.22%~84.72% 是在"有缺陷的民主"（flawed democracy）国家，另有 4.79%~4.82% 是在"两不像"政体（hybrid regime）以及 5.11%~5.12% 是在威权国家（authoritarian）。① 广泛性和复杂性交织，根据比较政治学中常见的政体分析较有难度，而研究者摒弃这种标准作为案例选择依据更重要的理由在于，既然参与式预算展现出超越政体的适用性，那么影响参与式预算的因素和条件也应当来自政体划分依据之上。讨论参与式预算成功与否的原因效果和脉络时，应从制度本身出发，以参与式预算的设计为基准，而将其背后的政治社会变量作为背景考虑。基于此，研究者根据参与式预算的发展时间和日程安

---

① 具体统计详见《Participatory Budgeting World Atlas 2019》，作者负责中国地区的数据采集。在这本文集中，对于政体类型划分的标准是基于《经济学人》下信息情报库（The Economist Intelligence Unit's Index of Democracy）的评分，其中，8 分以上的被归为完全民主，大于 6 分且小于等于 8 分的是有缺陷的民主，大于 4 分且小于等于 6 分的为两不像政体，小于等于 4 分的是威权政体。

排，将参与式预算30年的发展划分为三个时期。第一个时期是从1989年到2000年，以巴西及由巴西辐射来的拉丁美洲的实践，从阿莱格雷港发源，这一时期个案的数目稳定增加。第二个时期是从2001年在阿莱格雷港召开首届世界社会论坛到2008年，以欧洲为核心，在地理和数量上持续扩散，包括法国、德国、英国、意大利、葡萄牙和西班牙，都是在千禧年前后尝试参与式预算。第三个时期是从2009年至今，参与式预算扩展到北美、亚洲和非洲等地，同时在欧洲，也发展到了北欧和东欧，在第三个时期，国际组织推动的痕迹愈加明显。

这样的划分主要是为了展示参与式预算发展方向的转变以及区域拓展的情形，但只是一个粗糙的界定，因为参与式预算在一个国家内部也有不同的发展变化。以中国为例，中国开始接触参与式预算的概念属于传播第二个时期，但最终形成规模并在地方政府得到稳定的动力是在参与式预算发展的第三个时期，这也是后文所形容的"起了个大早，赶了个晚集"。基于这种划分，本研究希望能够囊括不同参与式预算发展的样貌并进而做出概括性的结论推断，因此选择了巴西的阿莱格雷港、美国纽约和中国南昌作为研究的对象，这三个城市的参与式预算都在各自国家预算参与中较为典型，同时代表了这三个国家不同的目标逻辑，而这三种目标设置也是全球范围内参与式预算发展的主要脉络，后文将给予更多讨论。本研究希望遵循典型性案例的研究标准，根据学者的讨论，比较典型性案例是社会科学中一种常见的方式，也能够在政策研究中获得较好的结果。[1]

---

[1] ANDREW A. What do Cases do? Some Notes on Activity in Sociological Analysis [M] // RAGIN C C, BECKER H S. In What is a Case? Exploring the Foundations of Social Inquiry. Cambridge: Cambridge University Press, 1992: 53-82.

第一，巴西是参与式预算的首创国，而阿莱格雷港又是巴西境内的首创城市，积累了30年的执行经验和翔实的研究资料。同时，研究选择第二个时期参与式预算国家中的中国的南昌市和第三个时期参与式预算国家中的美国的纽约市。这里存在一个可比性的问题，即三个城市背后所处的国家，各项政治制度有较大差异，如何去平衡和规避干扰性的变量，同时又能识别出关键背景因素对结果的影响。得益于参与式预算的全球性网络，为这个比较提供了一个社会实验的平台，目前参与式预算发展出了几种不同的模式，根据相关学者的总结，可分为参与式民主（participatory democracy）、近似民主（proximity democracy）、参与式现代化（participatory modernization）、多方利益主体模式（stakeholders participation）、新社团主义（neocorporatism）和社区发展（community development）六种形式。① 如果严格按照参与式预算的标准来看，只有第一种是试图建立一个新型的公共领域，并且在参与式预算做法中占主流，而阿莱格雷港、纽约和南昌的参与式预算刚好符合参与式民主的条件，也拥有类似的流程和模式（投票+直接决策）。如果我们将参与式预算视为一种民主亚体制，借以比较结果和实施的差异，便能分析出深层的影响因素，进而梳理不同的社会政治格局是如何对同一套次民主制度产生作用。

第二，本研究另一个关注的要点是参与式预算过程中的行动者，即启动参与式预算的行政部门或领导，参与过程的社会组织和立法机构以及公民。一般认为，一个强大的公民社会是参与式预算妥善运行的必要条件，那么这种强大究竟体现在哪些方面？行政部门是预算的主体，行

---

① SINOTMER Y, HERZBERG C, RCKE A. Transnational Models of Citizen Participation: The Case of Participatory Budgeting [J]. Journal of Public Deliberation, 2012, 8 (2): 9.

政部门的能动性又是如何影响过程的实施？在选举民主国家，立法机构是借助何种方式与参与式预算发生关联？而落实到公民自身，积极主动的公民是被"塑造"出来的还是"学习"得来的？本研究想要结合前面两组比较进一步分离出影响参与式预算的因素，特别是由参与式预算创造出来的"公共空间"。在多大程度上，它能担得起公民社会的意义？另外，这个公共空间又是如何受到正式制度的影响，官僚的逻辑、选举和政党制度等自变量是如何引导和形塑这个公共空间，进而影响参与的模式。在研究中，对参与式预算并没有"好"或"坏"的区分，而是区分不同国家参与式预算在正式制度下的表现。

第三，关于案例比较的层级。在比较政治学的研究中，有关民主的研究多半集中在国家层级的制度或政治过程，但正如民主理论的相关文献指出，所有的政治都是地方的（All politics are local），地方层级是公民和国家直接发生关联的场域，同时也是公民进行公共参与的主要场所，因此有关治理的比较又多半是以城市为单位。本研究讨论的是过去30年间发生在三个城市中的参与式预算，而地方政府，也是行使预算权力的主体，因此是研究比较的单位。但是本研究想要强调，国家脉络同样十分重要，这种制度创新的空间不是无缘无故来的，它背后代表了一个国家政治的发展、地方意志的增强以及公民社会的活跃度。在案例城市中的三个国家里，巴西是参与式预算曾经大规模流行的地方，中国和美国目前都是以单个城市为试点，因此在分析特定城市的参与式预算中，本研究也会检视参与式预算在这三个国家的传播和流行情况。学者伊夫（Yves Sintomer）等之所以将出现的参与式预算按照模式来划分而不是基于国别，是因为他们认为一个国家内部的差异甚至要超过国家间的区别，因此即便本研究选择的三个城市各自拥有不同的国家脉络，也是所在国典型案例，但无法囊括所在各国全部的样貌，这也是本研究选择城市而非国家为研究单位的原因。概括而言，本研究希望将参与式预算视为社会治理改革的历史过程，并对它们的影响进行广泛的分析和解释。本研究遵循的第一个逻辑是，尊重每个城市案例的特殊性来详述一个参与式预算是如何发展的；第二个逻辑是，通过城市以及城市背后的国家逻辑，来讨论不同国家的政治安排是如何形塑发展的轨迹。

二、研究方法

参与式预算已在全球数百个城市实施，从拉丁美洲的大城市到非洲的小村庄，从中国的社区到欧洲的市镇，但是对参与式预算的研究常常限定在选举民主实践的大框架下。本研究选择阿莱格雷港、纽约和南昌的案例，希望从不同制度安排设计入手，来回应其对公民社团生活的作用，同时会穿插不同的研究方法来回答研究问题。

（一）比较案例研究

由于本研究选取的是三个不同国家单一的城市案例，遵循的是案例导向路径的研究设计，与变量导向试图简化因果关系解释不同，案例取向要将单一个案的大量特征纳入考虑中，作为一种整体性的诠释（systematic explanation）。[①] 对于不同国家的个案，本研究将个案置于更广阔的政治和历史情境中，并关注在地的国家与社会关系，在特定的脉络中理解单一的案例。因此本研究同时采用比较的方式，关注在这三个不同国家中，参与式预算是如何被建立起来以及如何和国家正式制度相接

---

① PORTA D D. Comparative analysis: Case-oriented versus variable-oriented research. In D. Della Porta & M. Keating (Eds.), Approaches and Methodologies in the Social Sciences: A Pluralist Perspective, 2008: pp. 198-222. Cambridge: Cambridge University Press.

洽。这种研究方法无法做到统计和约分，但案例之间相似性和差异性的比较，对于阐释背后的经验现象并进而解释社会机制和研究的理论预设有更丰富的支撑。这种比较研究的意义，也意味着抽象和剥离特定的语境，发现可能尚未产生的问题，扩大研究的眼界。①

在之前的部分详细论述了案例选择的原因和框架，为了研究不同政治制度和脉络文化对参与式预算的影响，本研究选择的三个城市拥有不同的国家情境，但同为参与式预算中的一种类型，且流程的关键要素是相似的。因此，本研究遵循的是"最相似"的比较逻辑，即处理参与式预算在这三个城市中发展的情况。进一步分析，本研究从三个城市中约化研究的因果关系，以判定公民的参与以及与正式制度的融合程度会形塑怎样不同的政治情境和社团生活。

（二）参与式观察和访谈

在各个比较的层级上，参与式观察和来自行动者的访谈资讯都是重要的经验资料来源，研究者的参与式研究有三个部分。第一部分，是基于美国纽约的经验。研究者在2016年春季参与了纽约市参与式预算投票阶段的观察，参访了市议会相关部门，并访谈了五家与启动纽约市参与式预算密切相关联的社会组织和社区工作人员，在田野的选区中，访谈了每个选区重要的关联人。2018—2019年度，研究者全程陪伴参与了纽约市第八轮参与式预算的过程，参与社区公众会议，帮助履行预算代表的指责，与参与者进行半结构式的访谈，志愿服务参与式预算最后项目的展览、宣传和投票活动。研究者访谈的对象包括纽约市政府的公共参与部门的相关负责人员、纽约市政府预算局的官员、纽约市选区的

---

① KOCKA J. Comparison and Beyond [J]. History and Theory, 2003, 42 (1): 39-44.

议员和议长以及参与式预算辅助机构的工作者、公民社会组织的领袖，与开展参与式预算的社区建立起紧密的连接。这些观察和访谈的目的是希望能够准确描述参与式预算展开的过程和实际运作，同时对各方行动者的关系有全方位的了解。访谈主要是开放式的回答，因为访谈中有一部分并非事前邀约，因此无法准备访谈提纲，是据当时当地进行提问，这一部分主要针对当地的政治家，特别是那些在关键节点发挥影响力的人物。对美国的参与式预算研究采取的策略是追踪过程，即记录和观察整个参与的流程，从居民的需求到最后实际的预算配置，观察需求是如何形成的，而后又如何在特定的行动者之间进行传递。

第二部分，是关于中国参与式预算的研究，研究者深度观察参与了参与式预算创新的设计以及实施的各个流程，因此和项目的政府官员、社区工作者和社区居民有深度互信和合作，掌握一手详细的资料和统计数据。正因为研究者在中美两国间都有亲身的体会，为了确定哪些因素与制度的成功演进有直接的关联，研究者有更多判断和衡量的标准。论文准备和写作期间（2016—2019年），田野工作主要集中在中国南部沿海的海口市、中部地区的南昌市和位于江南省份的苏州市，收集的材料包括规则手册和当地的财政资料以及与各地官员正式和非正式的访谈。研究者还使用同一套调查问卷对实行参与式预算的城市居民进行调研，这些材料能够从参与者的角度来衡量和评估实施的结果。

本研究同时还得到参与式预算国际研究网络的大力支持。第三个部分，是关于巴西南部的阿莱格雷港的参与式预算研究，研究者尚未进行实地田野，但是已与巴西参与式预算执行和研究网络中心建立密切的合作，因此获得相关市政厅一手的数据和材料，也访谈了几位参与式预算实施的官员。因此，本研究建立的框架，希望既能进行跨区域的比较也能进行区域之内的比较，研究者观察参与式预算项目，但不想将目光仅止于此，本研究试图通过对参与式预算制度的发生和演变，以及它与不同政治制度之间的关联分析制度安排的结构性因素以及影响制度变迁的要素。

三、章节安排

本研究分为三个部分，第一部分的第一章阐述研究对象，即对于三个城市参与式预算的制度比较，第一章还介绍研究的设计及方法。第二章是从理论层面对参与式预算进行分析，参与式预算作为参与式民主的实践在理论中的地位，它又是如何将参与式民主、协商民主以及直接民主结合。在这一章节，研究希望界定参与式预算的概念和特征，从制度层面明确参与式预算的定义以及本文的分析框架。

第二部分解析三个城市，即阿莱格雷港、纽约、南昌如何启动并进行参与式预算，为了方便后续的比较，对于三个城市的诠释采用相近的安排，即首先表明国家脉络的影响，其次阐明特定城市采取参与式预算的由来，建立的架构以及后续的发展，最后总结三个城市发展的重要特色和意义。这部分主要以相关文献、田野研究和官方文件数据为主要阐述，以对参与者和政府官员进行深度访谈为辅助性支撑，并结合对参与式预算中公共会议和公共项目的观察，明确不同参与式预算的运作流程，明确运作中哪些行动者和机制是识别因果关系的重要内容。

其中，第三章，是关于巴西阿莱格雷港的参与式预算。其中阿莱格雷港的参与式预算是原型，被公认为真正的民主创新，但是阿莱格雷港参与式预算的衰落展示了一个充满矛盾的过程，以及不同行动者之间利益的冲突。本研究试图概述阿莱格雷港参与式预算形成的缘由、脉络和启动的参与式民主框架以及它的运作和发展。本研究还关注阿莱格雷港背后巴西国家层面的背景和影响因素，研究表明，政党的意志、政治领导人的作用对于流程的设置和协商的品质有实质性影响。

第四章，是对于美国纽约市的研究。其中，美国参与式预算是由公民社会的网络支持，这种"社会组织+政治家"的组合，促成了一个政策社群的产生，这一社群同时还包括地方性的公民力量和各类在地行动者。纽约市的参与式预算以赋权为核心，借助既有的制度设置引导和连接参与式空间，特别关注对于弱势群体的动员。之前的研究中，学者同意活跃的公民社会对于民主创新而言不可或缺，纽约的案例同样证实了这一点，即广泛的来自社会的政治支持对于结果的产出至关重要，而在此过程中，公民社会仍保持自主性。

第五章，是中国南昌的参与式预算，南昌市参与式预算发展是延续预算公开脉络，并最终导向治理现代化视角下的社区自治，南昌市参与式预算是一个典型。南昌市参与式预算带有浓厚的运动式治理的中国特色，也非常依赖于地方领导的意志，本研究在这里讨论，究竟有没有可能按照这种"自上而下"的模式，来增进公民的参与和对政治事务的了解，通过实际的检视，发现基层的强力参与和基层的掌控权有着紧密的联系。

第三部分是通过对三个城市个案的比较来考察参与式预算的制度设计是如何保存民众的意志并将公民表达输入政府决策中。本研究从个案的讨论中分离出影响参与式预算的因素，它们各自如何改造了既有公共空间关系？研究设计中的四种类型的参与模式——参与式、动员、激进和傀儡政治有无流动的可能。在巴西阿莱格雷港的经验中，创设出了一条平行于代议制度的代表方案，尽管在效果上影响了主流预算的分配，

24

但是政策程序最终被长久以来的地方政治弊端所裹挟。美国纽约，汇聚了众多各式的社会组织和边缘群体，为原本在正式制度中受阻的人开辟了新的政治参与渠道，并最终进入城市宪章的约束。中国南昌，则在政府主持下，与社区自治结合，连接了各地方行动主体，被动员整合进一个过程中。在结论部分，本研究将基于类型学的划分对这三地的参与式预算进行归类，并总结参与式预算作为一种民主次体制和正式制度的关联，识别有效参与式预算的影响因素，同时描绘一幅参与式预算多元现实的图像，也回应参与式民主的一些理论诉求。

第二章

参与式预算的制度、行动者和内在逻辑

21世纪的政治发展和一些事件暴露出代议民主的弊端和失灵,部分学者希望重新回到民主的原初定义,比如,民主的内涵到底是什么?选举民主的缺陷在何处?民主的实现方式还有哪些更可行有效的做法?

在全球政治的改革过程中,包括发达国家和发展中国家在内都出现很多制度上的创新,这些创新有个共同的特点就是给予人民直接行使决定公共事务的权力。这些新的发展回避了民主和威权的简单二分法,核心在于社会和政府之间对公共政策要有更多的交流。参与式预算激发了世界层面对于深化民主的希望,重视民众在选举投票之外的政治活动,主张更多的参与。参与式预算认为参与的过程本身就是政治,而深度参与中的公共协商是政治决策的方式,从广义的光谱上来看,这些民主理论和实践的发展背后蕴含了对直接民主复兴的呼吁和主张,这不仅仅是话语本身的转变,背后的决定性因素是社会结构类型和社会政治实践的变迁。

那么对于参与式预算的各种模式和做法,全球有没有一个统一明确的定义,它在民主理论当中又处在怎样的位置?对参与式预算持怀疑态度的人认为,由单一地方的只占人口比重很少的人参与很少部分预算的决定过程，即便有意义，充其量也是很小的作用，这种有限的直接民主的经验能带来新的社团生活体验，并改变当地政治的日常进程吗？因此，在这一章节中，本研究首先从参与式预算的定义出发，归纳它在全球治理创新中的位置，澄清一些参与式预算的误区。其次梳理20世纪中后期民主的理论，从参与式民主再到协商民主再到参与式民主的复归，评估参与式预算作为实践在民主理论发展中的地位。最后从制度层面讨论参与式预算的内在逻辑，说明在参与式预算当中，回应性的官僚组织、负责任的公民和活力的公民社会是如何介入整个流程并成为参与式预算能够发挥其有效性的关键要素。

第一节 界定参与式预算

一、什么是参与式预算

参与式预算从巴西左翼政府兴起并扩散至全球，风靡至今，从南美到亚洲，从威权到民主，参与式预算在不同地理环境和政治社会环境里运作，吸引了公民、政府、非政府组织（nongovernmental organizations，NGOs）和公民社会组织（civil society organizations，CSOs）在预算分配上的广泛发声。[①] 在不同地区的参与式预算中，有的是全国性，有的是

[①] WAMPLER B. Can Participatory Institutions Promote Pluralism? Mobilizing Low-income Citizens in Brazil [J]. Studies in Comparative International Development, 2007, 41(4): 57-78.

市镇层级。在推动参与式预算的组织中,有官方的政府,有政党,也有国际组织和区域组织。① 如前文所述,巴西参与式预算诞生之初,在工人党的设计下,有清晰的价值导向和目标,研究材料也显示过去的 20 年中参与式预算深化了巴西的民主,改善了治理绩效并给予公民更多的权力,② 还有一些积极的影响包括提升公共卫生的水平、促进公民社会组织的发展以及降低婴儿的死亡率。③ 而当参与式预算向全球扩散时,得到政府和社会两方面的认可,参与式预算沟通了政府和社会,有效地解决国家发展中最主要的资金使用问题,使其使用更加合理、有效。学者吉尔曼在考察世界范围内参与式预算的基础上总结了参与式预算的一个定义:政府有限公共资源的使用是由一个公民参加的公开的协商(反复讨论)过程来决定。④

从这个定义可以看到,参与式预算与其他形式的治理方式有明显的不同,公众直接参与政府公开的预算,公众和政府的角色都超越了传统意义上的分工,综合另外一些学者的讨论,参与式预算的特征主要包括以下六方面:

①由参与式预算制度框架做出的决定对预算的使用有正式的约束力;

②决策的过程从根本上对所有的社区成员开放;

---

① GOLDFRANK B. The World Bank and the Globalization of Participatory Budgeting [J]. Journal of Public Deliberation, 2012, 8 (2): Article 7.
② TOUCHTON M, WAMPLER B. Improving Social Well-being through New Democratic Institutions [J]. Comparative Political Studies, 2014, 47 (10): 1442-1469.
③ Sónia Gonçalves. The Effects of Participatory Budgeting on Municipal Expenditures and Infant Mortality in Brazil [J]. World Development, 2014 (53): 94-110.
④ GILMAN H R. Democracy Reinvented: Participatory Budgeting and Civic Innovation in America [M]. Washington D. C.: Brooking Institution Press, 2016: 8.

③决策的过程要包括公共讨论和公共理性；

④对于预算使用的想法要自下而上，来自公众而不是政府官员；

⑤公众也能参与预算项目的设计和实施，或者让专业的行政官员来负责。①

这几项标准强调的侧重点各有不同，但基本上可以概括已有的参与式预算的模式，这些标准也没有限定一个统一的流程或做法，各个国家可以在这些准则上根据政府部门的设置以及国家与社会关系创置自己的具体设计。这些标准是参与式预算得以区别于其他治理方式的重要特征，也是通过这些原则，参与式预算能够发挥其有效治理的重要作用。

第一，参与式预算的机制要对政府资金有正式的约束力，这种约束可以是法律条文上的，也可以是行政文件或是政府官员及官僚组织做出的可信的承诺。参与式预算从根本上说是一个带有决策性质的公共过程，在这一过程中，做决定的主体是普通公民，被决定的事务是政府公共资源的使用。公共资源是全部用于参与式预算还是划分一部分供居民讨论不是关键，关键在于参与式预算事先承诺了公众可支配的资金范围，给公众以足够的知情权，同时保障公民的决定权。只有公众认识到自己是有能力控制政府资源的流向，这个制度的发展才有更多的活力。

第二，决策的过程要对所有的成员开放。参与式预算在各国都要比正式的政治制度享有更多的包容性，参与式预算的一个目标就是扩大公民权的范围。以美国和中国为例，两地参与式预算对成员的要求仅仅是

---

① PEIXOTO T, WEBER B. Technology Drives Citizen Participation and Feedback in Rio Grande do Sul, Brazil: People Spaces Deliberation, 2012. SINTOMER Y, HERZBERG C, RCKE A. Participatory budgeting in Europe: potentials and challenges [J]. International Journal of Urban and Regional Research, 2008, 32 (1): 164-178. SINTOMER Y, et al. Participatory budgeting worldwide [J]. Dialog Global, 2013 (25): 1-93.

居住/生活/工作在本地区的居民即可，美国不需要参与者是合法身份的公民或拥有投票权的公民，中国也吸纳了大量非户籍人口加入参与式预算当中。同时，两地参与式预算投票的年龄都被放低到正式投票年龄以下，这样才能依托参与式预算起到公民教育的作用。

第三，决策的过程必须包含深度协商和公开讨论。公民的参与常常存在结构性的障碍，如时间和金钱的限制，参与式预算不断进行创新和优化就是要保障个体参与的权利并尽可能地为参与提供便利，目前，电子投票或网上收集提案都是很好的做法。在公共空间的讨论当中，居民之间互相交流，促进了解，正是深入协商和审议的方式。对于这一点，也有不同意见，一些人认为，参与式预算可能会最终消亡于烦琐的会议当中，因此，如何去调和参与的成本与参与效率之间的问题是参与式预算发展的重要议题。

第四，对于预算使用的方法应是从下到上的，参与式预算要求居民主动而不是被动地选择项目，也不倡导居民依赖政府或者是专业组织和团队的建议。公众在参与式预算中设置议程以及对项目进行排序，在实践中，公共资源都是有限的，并不是每一个好的策划都会被写进政府预算当中，这种有限性给了居民学习的空间，让居民自己讨论公共政策的倾向，同时，也要自己承担做出决定的后果。参与式预算的数额也许很小，但引导人们关注的不是数值本身，而是在不同政策领域间的对比。

第五，也是参与式预算不同于其他参与机制的主要特色，即让政府和公民协作治理。政府在预算的制订和决策上有自己的专业性，同时预算项目的实施也需要政府各部门的配合，因此政府的作用在参与式预算中不可或缺。居民的想法是为了矫正行政官僚和政治家为了政绩"胡作非为"或摆"花架子"，政府则可以从执行的角度给居民以引导。在大多数参与式预算的组织和运行中,政府是重要的承办方,也是决定要不要做参与式预算的决策者,因此,下放权力本身就是民主的重要体现。

参与式预算的这些核心要素,是参与式预算发挥影响力度的基础。参与式预算作为一套独特的制度改革,能够带来社区中公众和政府部门双方的结构性改革,如果缺乏其中某些关节点,虽也能起到完善基础设施或改善政府回应性的作用,但可能与参与式民主倡导的理念大相径庭,成为政府统治的工具。因此,下文将澄清与参与式有关的一些误区。

二、参与式预算的误区

由于参与式预算在世界范围内取得的荣誉和褒奖,已经成为各国政府争相表态的工具,参与式预算的巴西经验也带来一套与代议制相近的预算代表制度,在某些国家和地区可以作为"新政治"的典范。因此,在参与式预算扩张势头强健的今天,也有不少假借参与式预算之名的做法,然而这些做法要么缺乏足够的参与,要么没有政府的预算作为项目资金的保障,或者是在协商之后居民对于预算没有最终的决定权。

(一)有预算没有参与的秘鲁改革

2003年,秘鲁是世界上第一个将参与式预算写进全国法律的国家,但参与式预算最终失去公共参与的内涵,走向衰亡。秘鲁的经验给后来者的启示在于,法律尽管是保障参与式预算制度化最重要的形式,但并不是参与式预算精神内核的绝对保障,当参与式预算失去自愿性参与的时候,一切的规章典范也就形同虚设。

秘鲁的参与式预算是自上而下式的改革,和秘鲁议会的分权制度改革同时进行。在经历了阿尔韦托·谦也·藤森(Alberto Kenya Fujimori)

参与式预算的制度比较　>>>

十年专制统治后，中央政府的行政权力高度集中，腐败横行，也缺乏必要的透明度。因此在藤森潜逃后，来自左翼的改革者们升任从地方到中央层级的官员。在中央层面，由经济和金融部（Ministry of Economics and Finance，MEF）的公共预算办公室提出要推广全国性参与式预算的想法。在学习了巴西和其他拉丁美洲的经验后，左翼政府将参与式预算看作是一种让政治家对公共支出负责任的手段，因此在2002年开始试点并促成了第二年参与式预算法的通过，在这部法律当中，规定了各级地方政府，从大区（region）到省（provincial）到区（distrito）都要实行参与式预算，统归经济和金融部监管。这部法律也确定了参与式预算的几个步骤，包括宣传—注册—培训—参与代理—技术团队—公开讨论—投票—实施与监督八大步骤。由于程序过于烦琐，秘鲁政府在2009年将其精简到了四个主要步骤，赋予政府的行政技术团队更多的权力，负责审批参与式预算的人几乎全部由官员构成，而原本应当担当主角的公民角色则慢慢被淡化。而由于秘鲁各区，城市和乡村之间差异也很大，尽管中央层面倡导民间社会的加入，但省和区缺乏相应的时间和资源来吸引广泛的参与，这也使得参与式预算自上而下推动到底层愈加乏力。

因此，从总体上说，尽管秘鲁的参与式预算在一开始就完成了制度化，但过程有很大的问题。阿亚库乔区（Ayacucho）的一名受访人谈到说，"参与式预算有人为操纵的空间，比如，制度规定有三天给参与者的培训时间，但实际进行时只有一天。"[1] 社会组织对参与式预算也有

---

[1] Stephanie McNulty. Mandating PB: Evaluating Fifteen Years of Peru's National Participatory Budgeting Law [M] //Hope for Democracy: 25 Years of Participatory Budgeting Worldwide. In Loco Association, 2014: 147-159.

很多不满,亚马孙河流域附近的普卡尔帕(Pucallpa)地区的社会组织代表在解释自己为什么不去参加政府举办的公共讨论时说,"国家或地方政府试图来控制我们社会组织。因此,我们没有理由再把时间浪费在这里了。"[1] 此外,众多的学者、活动家甚至包括官员本身都认为,尽管秘鲁各地有几千个参与式预算项目的实验,但是参与者都不能代表多元化社区的样态,参与式预算的制度化,不过是精英决策过程的制度化。根据拉丁美洲舆论调查项目(Latin American Public Opinion Project,LAPOP)的统计显示,从2008年到2014年,只有3%~5%的受访者表示了解或参与了政府预算编制过程。另外,秘鲁参与式预算的制度影响也仅限于城市地区,在广大的农村,由于缺乏相应的社会组织,参与式预算的公共讨论甚至每年只有一次,农村的参与式预算是既缺乏影响力也缺乏制度化。根据出席公共会议的人员构成分析,市府官员和男性几乎在对话的时间上具有压倒性优势,这完全违背了参与式预算代表性的原则。

关于秘鲁参与式预算为什么会走到名存实亡这个境地有很多讨论,无论是制度设计上的失误,让政府官员负责太多框架的制定,还是在吸纳参与者方面失误,让薄弱的社会组织作为参与的主体而不是公民个人,概括而言,都是因为参与式预算抛弃了"参与"的内核,尽管有法律对于预算做强有力的保证和支持,但是不尊重参与最后仍旧将良好的意愿推进消亡的深渊。

---

[1] Stephanie McNulty. Mandating PB: Evaluating Fifteen Years of Peru's National Participatory Budgeting Law [M]//Hope for Democracy: 25 Years of Participatory Budgeting Worldwide. In Loco Association, 2014: 147-159.

（二）有参与没有预算的"社区分钱"项目

和世界上其他国家相比，中国的参与式预算发展有自己的逻辑，有借鉴国际经验的做法也有从预算透明和社区自治延伸而来的项目。典型的代表如中国 S 省 C 市的"公服资金"项目，这一项目已推广了近 10 年，积累了一些参与的经验，但仍不能被归为参与式预算。在国际上，这一类做法被统称为"类参与式预算"路径（participatory budgeting like approach），在没有明确的程序和政府资金预算的支持下，这一类做法很难发挥参与式预算的积极作用。

2018 年 5 月，C 市出台了《关于创新城乡社区发展治理经费保障激励机制的意见》，明确建立城乡社区发展治理专项保障资金，据介绍，这笔资金是区县级财政在年初预算中安排给城乡社区用于社区公共服务和社区发展的专项资金。这笔资金的使用对象有明确的安排，比如用于社区志愿服务和发展治理项目，居民可以就自己关心的问题提出项目建议。随着中国经济的发展，在一些富裕省份或发达地区，如北京和深圳等地也都采用这种做法，但是从严格意义上来讲，这种做法有较大的缺陷。首先，居民的参与不涉及预算、审议和安排，无论是"公服资金"还是其他称谓，本质上仍然是政府出钱给居民办事，与参与式预算提倡的赋权思想相违背；其次，尽管居民在提出建议方面有一定的自主权，但是最终的决定仍是由政府部门做出，居民的参与难免沦为走过场，不利于维护居民参与的热情。最后，在中国目前的政治体制中，社区并不是一级地方政府，没有预算权，在没有预算的情况下将这类做法称为参与式预算略显勉强。参与式预算的特别之处不仅在于要有参与，同时居民的参与要最大限度和政府各职能部门的专业性相结合。参与式预算旨在改变当地的基础设施和公共服务状况，同时也想要扭转长期以来居民和政府之间不对等的权力关系。

　　从长远来看，这种"类参与式预算"的做法仍有较大的发展空间，因为愿意采取这种做法的地方政府不仅在财政资金上比较宽裕，同时有开放的观念愿意让居民讨论，如果能辅助以规范的流程，在保障公共讨论参与者代表性的同时让所有居民对项目的决议有最终的决定权，这种"类参与式预算"也可以转化成合格的参与式预算并发挥其应有效力。在本研究中，特地将这类做法和中国现有意义上的参与式预算做一个区分，是因为在中国已经出现"全民投票，全民参与"的参与式预算新做法后，理论界和实践界都认为应当将目光放到更富有激励作用的规范性创新上。如果要将中国的案例和世界范围内的参与式预算做比较，也应当是在同一个定义、同一套框架下进行对等的研究，所以本研究将这一类带有参与式治理的"社区分钱"项目排除在研究范围之外。

第二节　从参与式民主到协商民主

　　顾名思义，参与式预算是参与式民主的实践，但是在其发展过程中，适逢协商民主思潮的兴盛，很多协商民主的理论大师将其热诚和精力投入参与式预算，使其具有浓厚的协商民主的特色。因此，接下来，研究者希望借由描述民主理论的发展来定位参与式预算的理论内核，这里有一个问题，关于民主的理论文献在制度论（institutionalist view）和公民社会角度（civil society-center approach）似乎存在某种分裂。在制度主义看来，民主是用正式或非正式的制度和程序性的规范来进行界定的，巩固的民主依赖于一些确定性的制度，如选举和政党制度，不够民主就是缺乏相应的机制或在程序上有缺陷。因此，在对民主的制度主义论述当中，学者更多关心的是民主发生的官方场所和领域，而不是民主社会的行动者和他们的实践。当然也有社会学家对这种认知存批判的态度，认为这种想法是将民主的实践与民主的理想混为一谈，① 在现实中，存在完整的民主机构和程序，但是仍有可能被非民主的规范或外来势力所颠覆，制度本身会被闲置或走向畸形，如魏玛共和国，所以如果真正关心民主的实际运作状态，也许需要超越制度来认识实践。

因此，作为对制度主义观点的回应，另一些文献将关注的重点投射到民间社会中，这些文献通常以卢梭的民主概念为出发点，强调公民作为民主实践的核心。在这些论述当中，衡量民主的真正标准在于社会中的政治实践，政治并不局限在正式的场所，由公共行动延伸出的非政府场域对于社会各阶层的政治利益也是十分重要的。但是，这一类文献也存在一定的缺陷，首先，这种从公民社会出发的视角试图超越正式制度将公众作为核心，那么容易倾向将任何正式的民主制度都当作是精英统治的工具。其次，从公民社会角度研究与民主的关系，比如，社会资本研究，通常会认为参与的民主化效应是理所应当的。但是，公民社会和任何其他群体一样，本身既可以是包容性的也可以是排他性的，可以为弱势群体发声也可以为强势群体代言，所以我们无法界定参与会在何种情境下产生积极的影响。

所以，本小节希望结合制度主义和公民社会两方面的文献梳理参与

---

① SOMERS M R. Citizenship and the Place of the Public Sphere: Law, Community, and Political Culture in the Transition to Democracy [J]. American Sociological Review, 1993, 58 (5): 587-620.

式民主的发生以及最近十年的复兴，参与式预算综合了参与式民主、协商民主以及直接民主的理念，也蕴含了社会公正和共治（co-governance）的论述，并不是单一思想的产物。

一、参与式民主的兴起

参与式民主作为一个理论框架和政治文化，兴起在20世纪60年代的美国。1962年，在美国威斯康星州的休伦港（Port Huron），一群青年学生（Students for a Democratic Society）起草了《休伦港宣言》（Port Huron Statement），这份诉求里提出推行参与式民主。《休伦港宣言》混合了当时的很多要求，如反战与追求公民权，也包括一些前瞻式的愿景，学生们认为，依据参与式民主建立的社会体制有两个核心：一是作为个体，人们能够分享决定自身生活质量和方向的决策权；二是社会要有途径和方式来促进人们的独立思考以及他们的公共参与。《休伦港宣言》后来成为影响整个20世纪60年代社会运动的纲领性文件，也深深塑造了当时的政治文化和社会运动的走向。因此，一方面，在建制派层面，以选举至上的精英民主仍然占据着主导地位；另一方面，民间有意识地对抗选举民主的专断性，提出一个新型的民主形式，要赋予公民更多的参与权。

与实践的风潮同步，理论界也很快注意到这一概念。1960年，政治哲学家阿诺德·考夫曼（Arnold Kaufman）在一篇题为《人类本性和参与式民主》的文章中从人性的角度出发来讨论政治领域中个体的自治（self-governance）和自决（self-determination）。他首先反驳了"一些理论家认为的人类的天性导致民主的参与是不现实的"，他认为自己的目的是要消除这种教条式的认知，让他们不再阻止工业社会中的参与意识。① 这也是参与式民主在提出之时就面临的一个问题，教条式的认知正是构建所谓民主社会制度的基石，这些基石在保障人权和社会秩序方面运转良好。但是，如果我们坚信个人自由的释放以及个体自决的潜力需要另外建立一套制度，那么参与式民主是要取代现行的选举民主还是选择与其融合在一起呢？从一开始，参与式民主的问题就是实践中能不能找到一个有力的证据来证明公共参与是有效的，这不仅满足理论家的畅想，而且在实践层面性方面也有用，并能很好地管理社会。考夫曼也意识到参与式民主内在的一个混乱之处在于，既然参与式民主暗含公共决策，就应当去中心化，可是和诸多去中心化的举措一模一样，参与式民主在实际层面可能变得更加专制，原因在于，需要更中心化的力量来促成这种参与式的决策，这就是考夫曼提出的"参与式民主的悖论"（the paradox of participatory democracy）。考夫曼在后来的实践观察中也发现，无论在怎样的一个主导型的参与式民主的设置当中，也都存在领导力和代表性的空间，这从根本上注定参与式民主不可能是取代选举民主的方式。

20世纪60年代，参与式民主冲击选举民主的方式主要是借助当时蓬勃发展的社会运动的影响力，对于这些社会运动而言，参与式民主融合了直接参与的理念，展现了对资本主义的批判以及左派社会主义的理念，与此同时，参与式民主也试图影响社会经济领域。这种观点后来反应在了卡罗尔·佩特曼（Carole Pateman）的《参与和民主理论》一书

---

① FLORIDIA A. Participatory Democracy versus Deliberative Democracy: Elements for a Possible Theoretical Genealogy. Two Histories, Some Intersections [C]. 7th ECPR General Conference, Bordeaux. 2013.

当中，佩特曼从近代民主理论大师卢梭、密尔和科尔的理论出发，详细地说明了参与性社会以及如何参与和参与的功能这三个问题，并得出积极的参与能够使公民得到自我发展，也在心理上产生实实在在的利益。在佩特曼看来，代议民主制不是民主的全部内容，在社会工作领域，个体也有权利来参加与自己有关的公共事务。因此，参与式民主，是另一种权力来源，而不能仅仅被简化为一种方式或制度性的过程，参与式民主是从日常经验出发，继而将民主的意识发挥在社区和地方层面，做到有限度的地方自治。

参与式民主被解构成多种的参与形式，这一时期，另一位理论大师阿恩斯坦（Sherry Arnstein）根据对这些不同形式的实践的实证分析，提出一个衡量参与层次的标准，即"公民参与的阶梯"（ladder of citizen participation）。阿恩斯坦的分类从对公民在参与中的"仪式感"（empty ritual）以及到真正掌握实权（real power）进行描述，第一次尝试去评估参与机构对于决策的影响力。最低一阶，是两类"非参与"（nonparticipation）：一种是"训导"（therapy），一种是"操纵"（manipulation）。在这两种情境下，公民的参与是政府允许下的做样子，目的是更好地摆弄自己的人民；中阶是"象征"（tokenism），其中又包含"谏言"（placation）、"咨询"（consultation）和"知情"（informing），在这三个层次中，都含有公民参与的意味，但是最终的决策权在政府手上；而只有在最上面一阶的参与才是公民权利的体现，包括"公民控制"（citizen control）、"代表权"（delegated power）和"伙伴关系"（partnership）。阿恩斯坦工作的意义在于这些分类并不是凭空想象出来的，而是扎根在她服务或工作的各类美国项目和实践中，如约翰逊的"伟大社会"计划、联邦政府消除贫困计划、都市重建计划等，在这些

39

过程中，她认识到仅仅征询公民的意见和想法是远远不够的，一定要让公民在决策机制中拥有实质性的影响力。

在此之后，参与式民主仍然有一定的发展，值得一提的是巴伯的"强势民主"（strong democracy）理论和曼斯布里奇（Jane Mansbridge）的"一致性民主"（unitary democracy）理论，两者的理论都区分了现实民主和理想中的民主，有一定的相似之处。巴伯认为，现实的自由主义民主是"弱势民主"，有精英主义倾向，而理想民主的实质是要扩大广大人民对政治的直接参与，是一种强势民主。与之有异曲同工之妙的是曼斯布里奇将现实中的民主概括为对抗民主（adversary democracy），它强调社会中个人和集团的私利，而理想中的民主是一致性民主，强调决策的一致同意而不是简单的多数决定。由两人的民主观念生发出针对当下不完善民主的两条不同的解决之道，巴伯的想法是沿着政治文化的路径，也就是要建构强势民主的社会环境，曼斯布里奇的策略是要重新发展出一套有可行性的民主方式。因此，也有学者认为，曼斯布里奇的理论标志着参与式民主第一个研究阶段的终结，并开始向协商民主转变。

二、从参与式民主到协商民主

尽管民主理论家为了发扬参与式民主做了种种努力，但是参与式民主在20世纪80年代仍然陷入没落，连佩特曼甚至也感慨认为参与式民主似乎已经进入过去时。[①] 那时政治学理论文献中也较少看到有关参与式民主的理论阐述，总结起来，有学者指出这要归于三个原因：其一是曾经在20世纪六七十年代非常流行的参与式民主实践在80年代后逐

---

① MANSBRIDGE J，PATEMAN C. The Problem of Political Obligation：A Critical Analysis of Liberal Theory [J]. American Political Science Review，1980，74（2）：205-490.

渐式微；其二是缺乏足够的经验证据来证明参与式民主确实像其承诺的那样为公民提供政治教育；其三是解决参与式民主的效应问题要依赖足够的财力支撑。

因此，20世纪80年代末，以詹姆斯·博曼（James Bohman）、哈贝马斯（Jürgen Habermas）和穆茨（Diana Mutz）为代表的理论家试图提出一种以公民协商为核心的民主模式。他们主张让这种更具操作性的协商民主来取代参与式民主理论，协商的目标在于厘清什么东西最符合协商者共同的利益，即共同的善。在理想的情况下，协商的过程是把私人偏好转化为公共主张，协商的过程也被看作是政策合法化的依据，因此，大部分协商民主理论还是集中探讨参与的过程，就是公民之间协商的方式，并没有特别强调协商民主所适用的场所和部门。本研究无意于去拓宽理论层级上协商民主和参与式民主的深度，而是要去探究参与式民主和协商民主的共同蕴含，即更多的赋权和更多的参与，民主的实践或许值得我们更多的关注和讨论。以协商民主和参与式民主为例，公民经由言说和沟通的权力，参与公共领域，形成自愿性的社团生活，协调各方面利益，从而让整个公民社会变得更加美好。

那么协商民主和参与式民主的关系是什么呢？是一种延续，还是一种理论上的断裂？之前研究论述过在曼斯布里奇的主张中，已经出现了参与式民主的一些分野，她强调的小民主需要有一个特定的自我治理的程序或场域，在这个情境当中，人与人可以进行面对面的交谈，个人的意见和主张都能得到充分的尊重。[1] 延续这种分野，协商民主的理论家在批判精英民主的时候提出自己的方式，如公民陪审团、协商式民调

---

[1] FLORIDIA A. From Participation to Deliberation：A Critical Genealogy of Deliberative Democracy [M]. Colchester：ECPR Press, 2017：177.

(deliberative poll)和公民论坛(citizen forum)等种种形式。协商民主和参与式民主都是规范性的理论,是超越功能主义和精英主义等以工具论述为导向的民主概念,参与和协商作为手段,同时代表了新的公民参与的架构,以及沟通、透明、回应的公共价值。[1] 但两者关注的重点有所不同,参与式民主强调广泛参与带来的利益以及将决策能力赋予公民的必要性,[2] 协商民主更多注重公共论述的部分,但并未保障公民决策的权力。[3]

协商民主兴起于对参与式民主的批判,认为其受困于一种模糊不清的乌托邦主义,未能正确面对发达工业社会中的复杂性和规模。在这样一种批评的氛围中,参与式民主理论的重要发展促使了协商民主理论的兴起,关于这两种民主理论和实践的区别,从公民参与的角度进行区分,可以体现在表2-1中:

表2-1 代议制民主、参与式民主与协商民主理论的异同

	代议制民主	参与式民主	协商民主
参与主体	民意代表	全体公民	受政策影响的公民
参与范围	民意代表的参与	任何议题	与议题相关
参与效力	民意代表的决定	全民决定	利益关系人决定

---

[1] COHEN J. Deliberation and Democratic Legitimacy [M] // MATRAVERS D, PIKE J. Debates in Contemporary Political Philosophy: An Anthology. London: Routledge, 2003: 342-361.
[2] [美]卡罗尔·佩特曼. 参与和民主理论 [M]. 陈尧,译. 上海:上海人民出版社,2018:22-26.
[3] HABERMAS J. Further Reflections on the Public Sphere [M]. Calhoun C: MIT Press, 1992: 421-461.

<<< 第二章 参与式预算的制度、行动者和内在逻辑

从参与主体、范围和效力方面比较参与式民主和协商民主时会发现，参与式民主认为公民应该具有积极参与的特性，才能够实践民主。而协商民主虽然主张让公民直接参与政策的制定过程，但将参与的主体限制在受政策影响的公民和代表当中。参与式民主认为公民参与的范围是全面性的，换句话说，无论任何议题领域，公民都要积极地参与。协商民主则认为，当议题不同，参与的主体也应该发生改变，而不是全民普遍性参与。参与式民主认为国家政策要由全民共同决定，而在协商民主的政策形成过程中，参与者所形成的共识与影响国家政策的强制力应当符合该议题利益相关者的需求。在政治学者约翰·埃尔斯托（Jon Elster）看来，协商民主是由"协商"和"民主"两部分构成，"民主"意味着目标，即所有公民或公民代表都应该能够参与到集体决策中；"协商"意味着实现的方式，即具备公共理性的公民是通过反复而充分的倾听和讨论来做出集体决策。[①] 从另一个角度来看，当协商民主创制出来的多种迷你型讨论会议未能直接连接到决策制定的过程中时，可能会陷入实践的僵局，即公民旷日持久的辩论，这期间尽管有学习，这种学习却对决策影响有限。而参与式民主理论通常指涉的是将决策能力交还给公民，在20世纪70年代，参与式民主理论家通常考虑的是在工作场域中的赋权，如佩特曼和麦克弗森（Macpherson）的相关论述。进入千禧年，学者和实践者关心的议题慢慢开始扩展，比如，英属哥伦比地区举办带有协商属性的公民大会讨论选制的改革，并将结果置于全国公投，这些都体现了某种程度上参与式民主的复兴。

---

① PARKINSON J. Localism and Deliberative Democracy [J]. Good Society, 2007, 16 (1): 23-29.

三、参与式民主的复归

协商民主的兴起在一定程度上缓和了参与式民主20世纪80年代后衰微的形势,但是协商民主的蓬勃发展多限于在要求更深度的协商层面,协商民主本身,也被视作是一种"参与式民主的复兴"。佩特曼在2012年发表了《重访参与式民主》,表达了她自己不同的看法,她认为参与式民主是和协商民主截然不同的,协商和讨论是任何一种民主形式的核心,当然也是参与式民主的核心,但是只有协商是远远不够的,协商也不能和民主等价。从实践的形式中,佩特曼认为协商民主所强调的"小共同体"(mini public)会有自己的问题:首先,现实生活中大多数人没有参与的能力或兴趣,小共同体常常会沦为一种"浪漫的教条"(romantic dogma);其次,公民能从"小共同体"中的获益是有限的,一些证据显示,公民在漫长的审议周期中很多人连最基本的程序和要讨论的议题都搞不明白;再次,"小共同体"本身最大程度也不过是一个焦点团体,在某些情形下可能变为既定政策背书的工具;最后,"小共同体"如果没有得到很好的安排,将很难融入既有的代议制政府和民主机构的运转当中。[1]

协商民主作为民主价值实现的一种手段,它的另一个弊端在于过分关注协商的过程,比如协商的形式和质量。对于协商民主的倡导者来说,他们通常不去关心更广泛意义上的社会结构特征,人为地去割裂与政治背景的关联,这意味着,在一个社会当中更普遍意义的民主机制和体系不属于他们讨论的范围。因此,尽管协商、讨论和参与是民主价值

---

[1] PATEMAN C. Participatory Democracy Revisited [J]. Perspectives on Politics, 2012, 10 (1): 7-19.

的应有之义，协商民主是民主所必需的，但远远不够。参与式民主的复归没有局限在理论上的推演，而是基于政治发展提前于理论和经验研究的现实中，体现在选民独立意志的提升、公投在全球范围内的扩张以及本研究要讨论的参与式预算。

第一，政治参与体现在公民突破既有政治体制中的政党限制，强人政治在世界范围内的兴起，直选首长的扩张改变了代议制政府运作的逻辑和程序，让公民拥有最大的决定政治决策的权力，也让代议制政府变得更直接（less mediated and more direct）。① 在实际政治当中，参与式民主发展较快的领域往往是在地方层级，因为在地方使用新型工具时所受到的阻力比较小。通过地方层面的直选，产生很多"政治强人"和"政治素人"，比如日本的小池百合子，成立政党仅一年就拿下大选的法国总统马克龙，职业医师出身的台北市市长柯文哲等，这些政治人物都是对传统政党制度的一个冲击。在传统政党制度下，劳工、农民和中产阶级是被排除在外的，政党组织的精英文化并不鼓励大众的参与，其招募机制也呈现官僚主义倾向。因此，一些以倾听"下层"声音为主轴，批判"上层"精英的新型政党出现，广泛吸纳了这些有政治参与需求的基层公民。这些在主流政治传统中被视为反叛性的政党和领袖，一定程度上，正是代表了一群长久以来公民权没有得到落实的民众，是参与式民主发展的重要基础。

第二，公民投票的兴盛让个体的参与得到最大限度的体现。最近二十年，公投议题在世界各地都有广泛的应用，根据国际民主与选举援助机构（International Institute for Democracy and Electoral Assistance,

---

① BAIOCCHI G, GANUZA E. Popular Democracy: The Paradox of Participation [M]. California: Stanford University Press, 2016: 100.

IDEA)收集的数据,其中大部分都是各种形式的公民投票,包括公投(referendums)、公民创制(citizens initiatives)、议程创制(agenda initiative)和公投罢免(recall)。根据学者苏克西(Markku Suksi)在1993年的统计,当时世界上有一半以上的宪法明确规定有某种形式的全民公决条款。① 无论何种形式的公民投票,都需要公民广泛参与,才能弥补代议制民主代表性的不足。具体来说,首先,公投增强了决策的民主正当性,因为公投的结果比代表所表达的更具有明确的人民意志。目前西欧国家最常付诸公投的议题是如何修宪和涉及领土主权争议的问题,这类议题有关政治秩序的基本变动,也突破了政党间的差异,往往不能借由代议民主得到解决,因此需要以公投为手段给政策注入更广泛的民主正当性。其次,公投可以促进政治参与感,很多政治评论家认为大众参与是政治运作的核心,同时民主的终极目标也在于最大化公民的潜在价值,而公民在决策过程中的直接参与,就是发展公民潜在价值的最佳方式。同时,公投作为对选举的补充,再次引入了选民的决策,目的不是为了排除代表和政党的影响,而是要建立民意直接表达的渠道,建构与民意代表之间的双重代表过程(double representation)竞争,让民意在定期选举之外有参与立法的空间,这就是提供了人民政治参与的渠道。最后,公投还可以解决行政立法之间的政治僵局,在代议制度下,利益团体可能会裹挟政府以及立法部门的行动。在出现政治僵局的时候,如果能够有效地运用公民投票,可以部分免除政府各部门受制于利益团体左右的困境,让政府在施政以及立法部门在决策时较少受到负面干预。

第三,进入21世纪以来,社会运动也发生新的变化,街头参与展

---

① SUKSI M. Bringing in the People: a Comparison of Constitutional Forms of the Referendum [M]. Dordrecht: Martinus Nijhoff Publishers, 1993: 137-142.

现出新的特色。从美国的"占领华尔街"到法国的"黄背心运动",社会运动变得更相通(interconnected),个人可以迅速集结成群体,偶发性行为被重复就能引起剧变,而不再需要依赖缜密的策划及领导。一旦民众参与政治的愿望和诉求在正常的体制内得不到满足,他们便走上街头呼唤一种平等民主的新秩序,而信息技术的发展使得交流变得前所未有的便捷,将这种高度自发的运动模式发挥到极致。社会运动如何形成组织、管控群众、形成策略、进行宣传争取资源一直是学者关注的议题,其中以资源动员论对社会运动的组织过程讨论最多,资源动员论重视专业化与制度化的组织,认为其可以解决集体行动的困境,而其中专业人士的能力对于运动的成败至关重要,持资源动员论的学者一般认为集权而正式化的组织是社会运动的典型。但是到了20世纪中后叶,以美国20世纪60年代学生运动为代表的"新社会运动"则挑战这样的论点,相对于之前以工人团体为主的阶级抗争活动,新社会运动涵盖了环境、妇女、反战等新型诉求。新社会运动以参与式民主达成决策,强调扩大参与网络,发展出去中心化和开放的组织形态。但这一时期,尚未衍生出无领导层的社会运动,参与式民主的组织形态与领导层的有无并没有必然的联系,因为当运动强调民主决策时仍可能出现领导者。进入21世纪,在"占领华尔街"事件后,由直接行动生发的社会运动才标志了"无领导革命"(leaderless revolution)的出现,公民抗命采取占领的形式,而在各个占领的据点上,每个人都有资格在公共平台上发言或反对别人发言,直到绝大多数人都表态同意一项决议。这样一来,具体对于政策的诉求是什么反而并不重要,占领本身就是目标,让公众平等地、公开地抒发对于当前体制的不满,展现对政治共同体的一种另类想象，体现了直接民主的生活方式。①

参与式民主复兴的最后一个表现，也是佩特曼在文中所介绍的参与式预算，参与式预算，代表了参与式民主可以用于传统意义上专业技术的预算领域。同时，参与式预算与既有的政治体制能够做到融洽的结合，不同的制度孕育出不同形式的预算参与方式，并积极提升民主治理的绩效，因此也受到各国政府的普遍欢迎。下一节本研究希望借由对参与式预算内在逻辑的分析，来解读它是如何实现有效的民主治理。

第三节 参与式预算的内在逻辑

本研究将参与式预算视为一种次级民主制度，它包含一系列的制度安排，并且与一个国家内部的根本政治制度和政治环境有互动，本研究想要了解的是，参与式预算程序的安排，能在多大程度上改善公民表达和政府之间的关系。进一步来说，本研究希望厘清不同的官僚组织、经济条件和政治环境又是如何影响公众参与的能动性，这是研究的宏观自变量。我们讨论的另一套自变量则是在参与式预算当中的行动者，包括启动参与式预算官僚队伍中的领导者、日程的控制者、社会组织和公民。当然制度本身也可以影响行动者的资源和动机，因此在这一小节里我们将就参与式预算的运行逻辑进行剖析。

---

① 大卫·格雷伯. 为什么上街头？新公民运动的历史、危机和进程［M］. 李尚远，译. 台北：商周出版社，2014：26.

一、政治制度类型的影响

一个社会的政治制度结构会形塑民众政治参与的空间和方式，也就是说，参与式预算在不同的制度安排下会呈现不同的结果。对此有两种诠释的路径：第一，在当代社会，国家依然是个体的社会化机构，个体在民族国家的框架下活动，因而居住在同一国界内的人民，至少会部分受到相似的文化与观念的动员影响；第二，则是特定的网络或政策社群对于形塑国家的政策有独特的影响，即不同的政策倡议者以及他们的角色会带有地域特征。本研究将国家的政权类型和参与的形式连接起来，梳理不同体制下两者的关系，特定的制度逻辑输出不同政治参与的合法性，因此决定了参与式预算效果的达成。具体来说，案例选择的三个城市所在的国家分别为成熟的民主社会，民主未巩固的社会和中国特色的社会治理，这三种情形在国家与社会关系、组织方式和集体行动的资源方面有不同的指向。

首先，政治制度的类型决定了国家与社会关系，也规定了公民参与政治最重要的组织，政党的作用，在西式民主社会中，关于政党在公众参与中的作用可以分为两类，一类是作为情境的政党，一类是政党本身作为行动者。20世纪60年代，美国的民权运动、女权运动和反越战等持续发酵，集体行动不再是一个偶发事件，对集体行动的研究以"资源动员论"（Resource Mobilization Structure）和"政治机会结构"（Political Opportunity Structure）为代表。资源动员论认为集体行动是通过资源的汇集和组织的运作来实现集体的理性利益追求，关注的是行动者可支配的手段，"资源"泛指一切有利于集体行动的因素；政治机会结构则认为集体行动通常只在特定的政治脉络中才会产生，是一种体制外影响体制内权力分配的方式。两者的根本分别在于，资源动员论的研究是以社会为中心，而政治机会结构的研究则是将国家找回来，以政体为研究中心。"政治机会结构"的奠基人蒂利也从社会结构的变迁角度进行研究，他提出一个政体模型（polity model），这个模型中有政体内的成员也有政体外的挑战者。政体内的成员可以通过制度化的渠道用较低的成本来影响政治决策，而政体外的成员如果想要影响决策，要么设法进入政体内，要么通过集体行动打破既有的政体框架。在这种情况下，政党制度是作为政体结构的情境因素，并且能够影响政体外集体行动的水平和方式。一些学者认为，相对开放的政党制度结构有利于集体行动的开展，这种开放是指，当个人能够提出要求并批评政治行为而不必担心遭到报复的时候，当代社会中的公众参与呈现常规化、组织化和制度化。这也表明政治制度变得更加开放。

在对集体行动的另一套叙述当中，政党是直接介入集体行动当中来的，甚至是作为集体行动的重要盟友。根据这一观点，集体行动放大了公众视野中特定问题的冲突并创造出一个复杂的公共领域（public controversy），政党、行政官员和利益集团都围绕这一特定事件在这一特定场域进行发酵。有学者认为，政体外的挑战者本身是没有能力来影响政体内精英的政策决定，因此，政体外挑战者的目标是对权力拥有者进行分化，把自己代入体制内，因为体制代表了更多合法性的解决渠道。而公共领域的冲突不仅是"弱者的武器"同时也是"强者的机遇"，正如西德罗·塔罗（Sidney Tarrow）观察到的，政客们也会利用由挑战者创造出来政治空间，服务于自己的政治目的。政党和政客们会借助集体行动生发的缘由，将自己包装成为民众代言的典范，而对政党来说，体制外的公众参与从长远来看是有利于自身发展的，因为其迫使政党随时反思既有政策的合法性并随时进行调整。

中国，作为特色社会主义治理的代表，也塑造出独特的国家与社会关系。在社会主义国家的制度没有独立于国家之外的利益组织的存在，提高社群群体间的同质性，降低集体行动的难度，在最近几年中，随着治理水平的提升，如网格化技术的运用，更使得国家的动员能力得到增强。

具体到公众参与预算制订的相关问题上，也许参与式预算的改革可以在某地得到启动和实施，但无法达至良好治理绩效的初衷，公民在这一过程中没能实质性享有决策的权力。而预算参与制度本身的完整性、制度化和可持续性也是衡量其良好运转的重要标准。本研究中，有效的参与式预算实践主要有以下表现：在行为层面上，公民能够通过不同的机制进行广泛参与，并最终决定预算的使用；在态度层面，公民能够认可预算制定的方式，所有的财务记录公开并接受定期审查，政府同时遵循透明的程序使用公共基金，财政取之于民，用之于民；在制度层面，预算参与的程序被相关法律或行政政策固定下来，成为年度预算的形成和执行方式。

二、议程设置的目标

参与式预算能否最终进行有效的行动还依赖于创制之初的目的，一般来说，参与式预算是一种公共资源的决策方式，属于政治层面的问题，因此参与式预算涉及一个由象征性参与的表态（symbolic participatory gestures）到一个城市治理机制的结构性转变的光谱，后者可以重塑公共领域行为者和机构的关系[1]。在经济层面，参与式预算可被应用于一

---

[1] CABANNES Y, LIPIETZ B. Revisiting the Democratic Promise of Participatory Budgeting in Light of Competing Political, Good Governance and Technocratic Logics [J]. Environment & Urbanization, 2018, 30 (1): 67-84.

些经济欠发达的国家和地区，用于解决因财政资源匮乏造成的分配不公问题。在参与式预算的传播过程中，各个地方"边做边学"，让它的政治教育功能得到实现，为社区建立新的信任纽带。从这个层面考虑，参与式预算不只是一个工具，而且还可塑造一个有利的环境，能带动其他公共政策实现相应的转变。而在经济发达、基础设施建设相当完备的地方，参与式预算发掘正式制度规则之外的人群，并将其作为一种非正式资源的使用方式，最大限度地扩展所谓的"政治边缘人群"，为弱势群体赋权。因此，考虑参与式预算的目标是否实现，必须首先关注参与式预算设置之初的目的。

根据多位学者的研究，有多种因素可以用于解释参与式预算的实行，包括政府的意识形态、公民社会的强度、民主化的推动、国际组织的影响以及选举的激励等。参与式预算在巴西兴起之初，是作为激进民主的代表，在扩散的过程中逐步脱离了左翼政治的色彩，而成为公民教育的训练场，因此本研究在分析巩固参与式预算治理的必要条件时，综合学者对于参与式预算三种逻辑的划分，① 将着重区分三类议程设定间的差异，即合法性目的、技术类目的及善治目的三种。这种初始目标的确定，对参与式预算具体实行的方式以及面临的挑战和任务都有不同的意义。可以确信的是，从预算缺乏参与到各种形式的参与式预算，这个过程包含了一种转换，但有的案例是结合了重建合法性以及扩大参与等多重理想，因此这种类型的界定比较模糊。

---

① CABANNES Y, LIPIETZ B. Revisiting the Democratic Promise of Participatory Budgeting in Light of Competing Political, Good Governance and Technocratic Logics [J]. Environment & Urbanization, 2018, 30（1）：67-84.

<<< 第二章　参与式预算的制度、行动者和内在逻辑

（一）为了建立合法性的参与式预算（power to the people）

参与式预算最大的"野心"是要塑造新的国家建构，这是巴西左翼工人党在起初创设参与式预算的缘由，我们也沿着这条路径分析参与式预算何以能够建立新的国家权力模式。关于国家建构的文献可以大致分为两类，一类是沿着马克思·韦伯（Max Weber）对于国家的认知，从将国家视为"一个在一定疆域内合法垄断暴力的人类团体"生发出来的制度主义路径，关注国家建构中制度的重建。另一类是受到迪尔凯姆（Émile Durkheim）社会学的"合法性"认知路径观点的影响，认为建立中央政府制度是必要的，但是更强调社会政治中的聚合。前一类认为国家的行政能力和国家机构能够实现对社会的控制是衡量其权威的重要方式，学者福山（Francis Fukuyama）也在论述国家建设中，将其分为国家的职能层面和力量层面，力量指的是"国家以清晰和透明的方式计划和执行其政策的能力"，通过这一视角，可以做强国家与弱国家的区分。而合法性的国家构建观点提供了另一种思路，即"国家的命运主要是由情感和思想决定"，这种看法深受迪尔凯姆的国家观影响，认为国家是"社会思想的器官"。合法性的观点和制度主义存在方法论上的分野，在操作上更进一步，即国家建构首先要明确相关的国家机构和制度，在此基础上，国家的能力显示在其能够操作忠诚——统治的权力。强调"国家理念"（idea of the state）的巴里·布赞（Barry Buzan）也持类似的看法，他认为，国家主要存在于社会政治层面，而不是在物质层面，他将国家的能力分解为三个类型，即国家的物质基础、国家的

制度表达和国家的理念。①

本研究不去区分制度视角与合法性视角在应用当中的优劣，而是借鉴亨廷顿在《变化社会中的政治秩序》中提出的"复杂社会中的社区程度取决于其政治机构的实力和范围"。据此，判别一个国家稳定的关键不仅在于机构本身的实力，而且在于这些机构与他们所代表的整个社会之间的关系，合法性包含在政府对社会行使权力的合法化过程之中，当然在亨廷顿看来，当今世界唯一可行和持久的合法性来源就是民主，实现民主的一种方式就是将参与的权力授予人民。参与式预算能够建立合法性的关键在于它直接涉及公共预算部分。预算作为社会国家的集体决定，是社会中有限资源的分配问题。公共预算制度能促进国家政治制度的发展和完善，参与式预算在建立参与管道的时候设置了各级的协商和监督机制，比如预算议会（PB councils）、预算代表（budget delegates）和监督委员会等（supervision committees），这种做法在国家原有的政治设置之外另创设一套体制，是一种制度建设。从绩效层面上看，参与式预算在政府和人民之间建立了沟通的渠道，确保国家活动对人民负责，同时也促进了民众之间的互动和认知，社会凝聚力得到增强，是一种合法性的建立。除了巴西有这种典型的案例，其他国家和地区也有意图借由参与式预算建立自己合法性的做法。例如，中国台湾地区的台北市。现任市长柯文哲在竞选时就以增进公共参与为口号，执政后更是大力支持台北市参与式预算的发展。作为政治素人，柯文哲并没有自己的行政班底和选举"椿脚"，因此参与式预算裹挟议员的利益，也成为柯文哲经营地方的策略之一。

---

① BUZAN B. People, States and Fear: An Agenda for International Security Studies in the Post-cold War Era [M]. Colchester: ECPR Press, 2008: 36-62.

54

（二）技术类目的的参与式预算（technocratic）

有关组织网络和公民参与在地方经济发展中的作用有很多论述，大致的分类可以有两种，一种是以普特南为代表的社会资本，在他的研究当中，民间组织的活动对意大利南部经济的成功发展至关重要。在美国，也有大量的研究者研究分析听证会（public hearing）、公民委员会（citizen committees）以及邻里会议（neighborhood commission）和地区增长之间的关联，核心的论断是公众的参与能够影响地方增长的类型和水平，因为公众的福祉更加多元而不是单纯追求增长的机器（growth machine）。另一种是研究组织内外的网络在刺激经济发展方面的作为，比如，与外部组织和机构建立联系可以获取更多的信息和资源（贷款、赠款）。同时，通过地方组织建立起来的强大地方网络可以让民间和政府通力合作，减少沟通的成本，长远来看有利于地方经济的增长。

参与式预算允许公民直接介入政府支出的过程，在政府可利用的公共资源和公民决策权之间建立密切的关联。这里的前提在于，公共资源必须是充裕的，这样政府才可能选择将权力下放给公民进行决策，概括来说，以经济类目标为导向的参与式预算有两个建立的契机。一是中央权力下放，地方政府有额外的资源来建立参与式机构，权力下放一般也伴随着改革派的兴起，更愿意利用参与式预算来革除特定政治团体或官僚机构的资源垄断，比如，1988年的巴西、1998年的印度尼西亚和2002年的秘鲁都是这样的情形。二是外部资源的介入，可以允许政府官员在正常的经济增长周期内为参与式预算投入更多的资金，改革派不必与官僚体系进行长期的博弈要求分配新的资源，比如，阿基诺总统领导下的菲律宾，通过参与式预算来监督数亿美元的外部拨款。而在公共资源紧俏的时候，政府也可能最先撤回或限制用于参与式预算计划的资金，即便不削减计划，也有可能因为财政紧缩导致公民选定的项目无法完成，打击参与者的积极性。比如，巴西的贝洛奥里藏特（Belo Horizonte）市政府创建的"参与式预算住房"（PB Housing）项目，希望筹备更多的新建住房，但是政府缺乏建设这些住房的资源和能力，因此失去了民心。这些案例都充分说明了政府需要具备基本的行政能力和资源来执行参与式预算，并支持由参与式预算选出来的项目。

（三）以善治为目的的参与式预算（good governance）

自由主义常常过分夸大个人权利而忽略责任，认为完善的制度设计可以让人追求私利而不至于影响公益社会的发展。根据社群主义的观点，个人在共同体中既有社会责任，也有社会权利，提倡从公民责任的角度扩大公共参与，共同体的现代意涵主要体现在"社区"身上，社区中的成员共享共有的情感、目的和价值。查尔斯·泰勒（Charles Taylor）认为，个体只有在社会或社会文化中才能更好地发展，成为负责任的存在体。[①] 那么从国家和集体的角度来看，既然每个成员都是社区的组成部分，就应当都被赋予公民的身份和权利，参与式预算就在扩大公民权方面有优良的表现。

一般来说，以协商为形式的公民参与具备沟通（communication）和赋权两个特点，赋权指的是给予民众参与分享政府资金的决策权。在参与式预算中，通过赋权参与，被授予权力的主体公民根据本地区特色和需求选择相应的项目，社区活力和民众参与的积极性被充分调动起来，这一过程也保障了公民平等参与公共事务决策的政治权利，所以借

[①] 查尔斯·泰勒，李保宗译. 公民与国家之间的距离 [J]. 二十一世纪评论，1997 (4)：4-17.

由赋予权力最终可以导向赋予权利（entitlement）。因此参与式预算不仅能促进决策机制的现代化和民主化，在一些地方，还能够增进社会公正，给予边缘社会群体的人以政治话语权和决策权。

参与式预算在全球范围内的扩展主要是基于复杂的社会、政治和制度因素。除了建立合法性外，参与式预算的政治意义主要在于其能够促进社会公正，促进人的全面发展。参与式预算通过改变资源分配的方式将公共资源偏向于低收入群体，同时培养公民强烈的社区归属感。在特定的地区，参与式预算接纳了传统上被政治议程排斥的公民和团体进入决策场域带来社会正义，尽管这种正义不能直接转化为物质利益，但是这种赋权的方式对于整个社区共同体的意义非凡。特定的都市发展计划，囊括了参与式预算的实践，如英国的"邻里更新"（Neighbourhood Renewal）、法国的"都市政治"（Politique de la ville）和德国的"社会城市"（Social City）也都遵循了这样的脉络。

因此，从政治的角度来说，参与式制度常被视为对抗民主衰退的手段之一。同时，也是培养公民参与政治事务的训练场和学校。在参与式实践中，公民了解并学习政治领域的知识和运作，训练自我表达的能力，参与塑造了更好的公民，也深化了民主本身。而参与式预算对于社会的赋权则使得公民和行政部门有了更多的沟通，增进了解，提升了公民的社会资本。

三、行动者与情境

在政治制度和初始目的之外，还有一些影响参与式预算执行效果的行动者变量。参与式预算作为一种人为设置的制度，由谁启动并主导这一程序显得至关重要。从根本上说，参与式预算是一项政府制度的创新，离不开政府工作人员，同时也离不开一个国家的核心政治官僚，因此研究需要区分启动参与式预算的政治精英，以及他们的类型对预算参与效果的发挥是有利还是不利。当然，一个国家独有的政治制度也会对政治精英的类型产生影响，我们将启动参与式预算的行动者分为地方实权派和中央改革派。而与其他政治改革不同的是，参与式预算提倡公众的参与，社会组织在鼓励促进公共参与方面有天然的优势，因此也有以社会组织为主导的参与式预算。每一种类型对于参与式预算实施的目标、方式以及对最终结果的影响都是深远的。

（一）中央改革派

从中央启动的参与式预算计划主要存在于第二波和第三波的扩散当中，当国际社会已经对参与式预算有了高度的评价之后，一些国家中央层面的机构或官员需要寻找和缓和与社会的关系，以扩大自身合法性可能采取这种方式给予公民更多的权力参与到预算决策中来。在操作层面上，中央改革派可以通过官僚系统的运作方式，将中央的想法落实到各个地方，并督察参与式预算的行动；中央启动改革可以通过制定全国性的法律或行政命令规定一套标准的参与式预算做法要求各地效法。但是对于中央政府而言，预算制定的技术理性并不是预算制定的全部，中央层面考虑更多的是要平衡公共资源在不同领域的政策分配情况，以及各部门背后的政治利益。

自上而下推动的参与式预算有自己的特色，由于公共参与激励的对象是处于弱势的基层公民，政府的行政任务和政治责任激励机制往往会让情况变得更加复杂，从而对实施的有效性产生影响。在政府从上到下的推动过程中，尽管能够让政府和公民的关系更加融合，但本质上不能改变既有的权力运作模式，也不能改善民主治理水平。参与式预算的运作，从程序设计到推广、动员、协商和投票等环节，都需要公众和社会组织的参与，在这种情况下，由中央推动的计划常常要将任务外包给非政府组织团队。但是，社会组织在这种模式并不能自主地发挥应有的作用，只能满足于政府部门设定的议程目标，现有的公民社会和政治社会的权力关系将保持不变，这种"委托—代理"制度从外部施加了不少结构性的限制。预算项目的一个特征还包括项目的策划和执行要与政府内部各个部门发生联系，因此委托的代理组织或机构一般情况下不太可能进行跨部门的协作。作为承包者，社会组织的地位非常边缘，仅借助于参与式预算无力改变官僚行为的逻辑。

从实际层面上来看，由中央部门推动的参与式预算在最近这些年来越来越多，包括欧洲大多数地区以及俄罗斯在内都采取"自上而下"的方式，全国性立法的也有秘鲁和韩国等，这种趋势值得进一步关注。中央政府的强力支持，各级政府主动推动，从政策、法律和资金上给予更多的支持，这种类型的参与式预算发展不会局限在某个社区或地区，惠及的区域会更加广阔，同时全国性的政策也能够提高参与式预算的影响力和地位。但参与的脉络和政治权力内在是冲突的，如何让公共资金的使用变得更加有效率同时富于参与性是面临的难题。

（二）地方实权派

与从中央启动的参与式预算相对应，地方政府在参与式预算中兼具执行和决策的双重角色，往往能够更好地动员和组织公民个体以及当地的社会组织。地方推动参与式预算一般有以下几种考量：首先，地方政府作为直接与居民打交道的公权力实体，需要处理解决日常生活中的各类纠纷，因此将预算决策权下放给居民能够激发个体的公民意识，缓和政府和民众的关系；其次，通过新型的地方治理创新，地方政府可以强化动员、集中和调配资源的能力，增进地方组织的协调程度，也可在与中央的博弈中获得更多的话语权；最后，在选举民主制国家，为了基层的选举，政府也愿意将自己的预算权让渡出来一部分给公众用以获得选票的支持。就目前而言，世界范围内的参与式预算主要都集中在地方政府层级，以及在地方政府的派出机构中，在预算过程的讨论中，政府要配合和组织讨论，并根据相关的政策、技术给预算项目配上适当的资金，政府扮演的也是一个技术专家顾问的角色。

基层地方政府的创新一直是政府创新的研究重点，基层社会治理的多目标任务属性给创新提供了充足的空间，但地方政府推动的参与式预算在规模上有限制，也有特色。首先，地方上行政领导人的意志作为重要的推动力量非常关键，因此也特别依赖于地方行政领导人的能力和意志。如果地方官员能从参与式预算当中收获政治上的支持或财政上的回应，便会鼓励参与式预算进入正式制度的轨道。其次，由于没有统一的模式，地方政府的自主性较强，对当地的情况有更多的认知，同时地方政府本身与当地社会组织有千丝万缕的联系，会赋予参与式预算更多的地方特色。最后，地方政府的改革仍旧是体制内的改革，在一些国家和地区，上级部门的批准和首肯是地方进行参与式预算必经的程序，因此参与式预算能否顺利进行也要充分考虑它能够带来的风险和收益。在一个整体缺乏创新的环境中，参与式预算即便能够在地方领导的支持下启动，也很难维持或得到推广。

在欧洲国家，特别是在法国、西班牙和意大利，很多参与式预算都是由左翼或中左翼的市长自发引入的。对于地方领导人来说，引入这种协商的决策流程也意味着可以创造更多与居民直接对话的机会，这种好处，让自身在与议会的权衡较量中也更占优势。

（三）社会组织

在对国际经验的观察中，社会组织是参与式预算的积极提倡者，他们说服政府和议会实行参与式预算，帮助设计方案，提供技术支持，并实验新的技术工具。由于社会组织的性质和优势，他们辅助推动社会参与，并对政府工作人员进行咨询和培训，同时在一些地方也负责参与式预算的评估和监督。

社会组织主导推动参与式预算一般有两方面的原因，首先是政府部门人力或资源的缺失，因此将参与式预算的实施和策划权外包给社会组织；其次则是社会组织本身是参与式预算项目的策划者和推动者，由社会组织说服相关的政府部门执行参与式预算，并全程负责陪伴项目的实施。社会组织主导的参与式预算有很多优势，社区服务类的组织在利用其社区联络方面的长处能够充分激发公民参与的热情，尽可能扩大参与式预算的参与规模和覆盖范围；有技术性专长的非政府组织能够让参与式预算便捷化和智能化，也是从专业的角度来降低参与的成本。而参与式预算作为政府项目，也可以"反哺"社会组织的工作，让社会组织和政府的连接更加紧密，优势互补。但是社会组织主导的参与式预算仍需要与政府部门紧密合作，解决"预算"部分，社会组织通常不能直接配额以及实施参与式预算项目，因此作用主要体现在前期的环节当中。另外，只有极少数的社会组织以参与式预算作为工作的主要内容，且社会组织成员的内部流动性较高，也使得参与式预算的制度化道路更加漫长。

在后发实行参与式预算的国家当中，有不少是社会组织推动参与的，比如，哥伦比亚的"地方规划和参与式预算全国网络"（The National Network of Local Planning and Participatory Budgeting），他们致力于在全国范围内的各省市和各部门推广参与式预算。这个网络以社会组织为主导，是一个开放、包容、透明、多元和参与性的工作团队，他们设计一整套标准化的参与式预算程序，并将这套方案带给地方政府，打破了地方规划之间的由于行政区域造成的隔阂。社会组织加入参与式预算，也是公共服务供给市场多元化的一个象征，应当得到外部更多的支持。国际社会组织也意识到参与式预算的前景，因此世界银行、惠普基金会以及一些区域性的国际组织都组建了相关的团队考察和研究参与式预算的发展以及过程中出现的问题，可以说，参与式预算的国际化，正是借助社会组织的力量。而跨国组织又常常和国内的基金会或组织结合，通过这样的交流，发展出不同的积极经验，更有利于参与式预算的扩散。

因此，在全球各地，有不同的角色，诸如政治人物、行政人员和"社运人士"等都广泛地支持参与式目标设计，这些角色作用的发挥也受到参与式预算目标设置的影响，政治目标、行政目标和社会目标会激发不同的关键角色。而参与式预算也会回馈给行动者以正当性，让个体或集体的决策因为有了公众实质性的咨询而具备更高的接受度。

四、一个对参与式预算的比较研究框架

在之前的论述中，本研究梳理了既有文献在看待公共领域（public sphere）之时，存在制度研究和公民社会研究的一个分野，一些学者强调正式制度，而另一些学者则注重社会性因素。当研究试图评估参与式预算的效力时，特别是比较位于三个不同国家的参与式预算的城市案例时，必须统一衡量的标准，本研究将回到参与式民主的核心论述中。首先，民主程序的目标在于加总不同的偏好，选举民主使用的是"一人

一票"规则下对于人的选择,而参与式民主在此基础上更加复杂化,对于参与式民主来说,既有的权力结构、社会制度会影响偏好的形成。其次,参与式民主关注的是主权链条(chain of sovereign)的形成,也就是说,参与式实践的制度设计能在多大程度上将民意转化为政策性输出。具体到参与式预算中,本研究考察的是在这三个城市层级的案例中,如何保持这两方面的动力。理想的参与式预算,一方面,参与式预算要通过包容性的决策机制最大限度地吸引公民,并降低个体公民参与的成本,聚合不同群体的偏好;另一方面,参与式预算还应借助与政府部门的沟通设计将输入传递到地方政府,以保证主权链条的完整。围绕偏好的形成和主权意志的保存,本研究意图从"结构—情境—行动者"的关系来分析不同参与式预算的过程以及带来的改变,并将其置于不同国家特定的脉络之中,落脚点是国家与社会的关系,也是观察公民社团生活的转变。本研究认为,局部制度的改变可以扭转大社会结构下权力的分歧,经参与式预算创制出来的次级民主制度既遵循了既有社会网络的权力结构,同时成为一个独立的由社会行动者在特定的时间内所建构起来的公共生活场域(associational life)。

参与式预算是一种民主实践方式,也是人为的产物(artifactual),行动者和制度共同镶嵌组成这样一个模糊的关系网络。这个公共空间可能有托克维尔式志愿精神的公民,也可能带有排外和沙文主义的色彩,并不是所有形式的参与式预算都能达至参与式民主。而评判参与式民主和民主一样,本研究采用蒂利对于民主的定义,即"一个相对广泛、平等、稳定、有拘束力的协商与保护的政权结构",这一定义建立在对国家与公民关系的论述上,即需要广泛性(没有个体被排除在外)、平等性(公民和政府在关系上是平等的)、拘束力(政府对公民意见应保持回应）以及公部门的保障。同时，蒂利论民主化，认为这是一个动态、历史和开放的结局，是可逆转的，参与式预算也是如此。本研究将参与式预算作为一种次级民主制度，基于两种判断：首先，包括参与式预算在内的各种参与式的实践，绝大多数都是为了扩大公民的参与，提升公共问题讨论的平等以及对政府决策作出约束。民主理念下认为的"参与"，通常仅局限在熊彼特（Schumpeter）等论述的定期的选举投票制度中，而协商民主和参与民主下的"参与"是在既有制度层面外开创新的施加影响力的方式。其次，蒂利论述的民主化是来源于其对于抗争政治即普通人如何对抗精英的统治而来的，对于参与式预算本身，在后文的审视中，我们也将看到，遭遇的压力同样来自正式的国家组织或既有的权力关系。

因此，本研究沿用国家与社会关系作为衡量不同参与式预算效用的标准，研究分析的架构是通过两个指标来衡量：首先是公民在公共生活中的角色，是自主的还是依附性，自主是指通过这一形式，公民能够自我地表达意愿，这些意见在后来的过程中不会被官员或政府扭曲以及置换；其次则是公民意见与正式制度之间的关联，是融合式的还是排斥式的，融合指的是正式的制度能吸纳并包容公民的表达，并用正式制度的权威来保证参与过程的公开、透明和持久性，排斥则指的是公民的表达被正式制度粗暴地拒绝或排斥，国家行为和公民参与是对立的。这两个指标也能很好地回应我们对于参与式预算的效力的测量，即偏好形成的自愿性和主权链条保存的制度化，据此我们构建以下的国家与社会关系，或者说是公共参与的模式，呈现如表2-2所示。

表 2-2　国家与社会关系示意图（参与的模式）

公民表达与正式制度关联 \ 公民定位和角色	自主	依附
吸纳	参与式政治	动员政治
排斥	激进政治	傀儡政治

这样的区分就产生了四种不同的参与模式，在"吸纳"行中，是公民参与和正式制度融合的形态，即公民和社会组织能够通过被官方认可的途径影响政府决策。其中，参与式政治和动员政治是这类参与模式的两极，参与式政治意味着公民和社会组织是自主性的，他们借助如参与式预算等的制度渠道来进入政府，其施加影响力的方式是被赋权而来的，但是赋权之后的行为不会受到任何利益集团的干涉。在参与式政治中，公民是被学者所称赞的参与型的公众（participatory publics）①，能够清晰地表达自我利益。动员政治意味着虽然大众参与的形式被镶嵌到正式的制度轨道中，但公民个体和社会组织隐性或显性地依赖于政府的机会机构和个人连接。在这种模式中，公民可以表达自我要求，但参与的效果将大打折扣，公民会觉得自己是被"邀请"或只是充当咨询类的角色。在"排斥"行，则是公民参与未能很好地融入正式制度的情形，政府和公民及公民社会间的需求链是断裂的。这样尽管可能出现公民参与的机制或小的协商共同体，但始终遭遇来自正式政治制度的阻挠或要与正式制度做博弈。在这个大类中，根据公民和社会组织的定位又

---

① AVRITZER L. New Public Spheres in Brazil: Local Democracy and Deliberative Politics [J]. International Journal of Urban & Regional Research, 2006, 30 (3): 623-637.

可以分为激进政治和傀儡政治。"激进政治"中，公民拥有自己组织的权利，他们可以主持社会运动，通过各式各样的行为来对政府决策施加压力。在这种情形下，参与式预算可以作为活跃公民社会影响政府决策的方式之一，这种参与本身，就是一种激进的行为，是对既有正式制度的反叛。另一种则是傀儡政治，在这种情形中，公民和社会组织是完全被掌控或操作的，既不能替自身利益发声，也无法与政治决策发生关联。需要指出的是，以上的类型划分都是理想形态，作为我们比较和研究的工具，这类的边界通常是模糊的，而在现实的世界中，参与的形态是流动和发展的，类型的划分是为了帮助我们更好地认知不同参与式预算的效力。

为了进一步了解不同的参与式预算下公民的角色，本研究结合既有学者的讨论将其分为公民社会的三个面向，即自愿性、沟通权力和公共性。拥有这三者的公民参与广泛、平等和有约束力的社团生活的必要与充分条件。公民自愿的参与区别于等级权威，无论是法理型还是传统型，以及市场诱因的参与，在白奥奇等人的著作中这种自愿是人们的一种"次级社团"（secondary association）集合，个体可以选择与谁结合，而不是"初级社团"（primary association）这种依赖于家庭或族群的身份结合。沟通的权力是协商民主的核心要义，也是参与式预算制度设计中的逻辑之一，但沟通本身是中性的，协商过程既可以制造出新的规范也可能复制特权身份，延续既有的权力资源。同时，沟通之中平等的体现往往和具有约束力的沟通产生内在的矛盾，正如之前论述的对于协商民主的诟病，反复累牍的辩论很可能最终流于消亡。参与式实践搭建预算这个平台应该指向的是公共领域的决策，而不能为政治人物或公民个体私利以及小团体的利益，达至一种包容，强调社会的公共性和多元化不是这个公共领域的强度本身,而是先前被排除在外的阶级在公共领域影响下所获得的权力。

衡量公民参与的另一标准是公民需求与正式制度的结合方式,本研究将其分为两类,即吸纳式和排除的关系。在正式制度融合公民的参与并为其提供稳定的制度保障和支撑时,这是一种包容性的治理方式,而如果参与式预算机制提供出来的决策、咨询或建议在导入政府的过程中被各式各样的因素扭曲时,这表明参与式预算被排除在正式制度以外。此时,参与式预算制度所创设的治理空间,并未起到在政府和公民之间一个缓冲的作用,反而是"转译"(terms of translation)了真实的话语权。

第三章

阿莱格雷港：作为激进化民主的策略

第一节　红色改革：巴西参与式预算

在有关巴西民主转型及巩固的研究中，巴西常被归为受限制的转型，是一个不巩固民主的范例，① 这些研究多聚焦于国家层面的政治改革。而民主作为在地的事务，地方政府往往也在民主化进程中扮演重要的角色，这一点在巴西的案例中表现得尤为明显。相对于其他发展中国家，过去几十年里，巴西地方政府被认为进行了诸多具有包容性意义的改革，其中，参与式预算当属翘楚。本节将分析巴西作为一个完整的国家脉络，是如何在民主转型期间引进参与式预算，借以说明，阿莱格雷港的原创并非"孤岛"，背后有着深厚的国家传统。

---

① 胡安·林茨，阿尔弗莱德·斯泰潘，等. 民主转型与巩固的问题 [M]. 孙龙，等译. 杭州：浙江人民出版社，2008：195.

<<< 第三章 阿莱格雷港：作为激进化民主的策略

一、公民社会与在地政府

巴西的民主化历时日久，一般认为，军政府有足够的实力来主导民主转型的步伐，转型中精英的行为往往起到重要作用。同时，学者们也认为，公民社会的角色一样不可忽略，公民社会不仅是迫使威权政体开放的动力，公民社会本身也形塑了民主化的过程。①

作为与国家层面的连接，巴西地方社团常被认为是"猪肉桶政治"（pork barrel）的代表，是军方控制地区的重要载体。通过庇护关系掌握权力的地方寡头与军政府进行选票和公共投资的交换，因此这些地方社团必须在当地居民中有一定的影响力，能够动员群众，他们需要选票，却又不需要公民广泛的政治参与。1964年，军政府独裁统治开始时，多数的社区协会要么大幅度减少活动，要么完全中止运行。② 而当1974年巴西军政府中的温和派上台，引入"政治对话"，推行"有指导的民主"，重启地方选举时，社区协会的积极性被激活。这一时期，巴西的经济形势发生恶化，通货膨胀率居高不下，作为之前统合控制工具的地方社团，现在逐渐转变为地方抗争与创新的场所，规模逐步扩大。举例而言，1920年到1986年间，圣保罗市成立的公民协会（civic assisociation）中，有68%成立于1970年之后，③ 除了这种传统的组织形式以外，工会组织、学生组织和基督教社群网络也得到广泛发展。与之前庇护主义盛行时期的地方社团不同，新的社会组织强调广泛的动员，将精

---

① EVERS T. Identity: the Hiddern Side of New Social Movements in Latin America [J]. D Slater New Social Movements & the State in Latin America, 1983, 43 (3): 404-405.
② ABERS R. Inventing Local Democracy: Grassroots Politics in Brazil [M]. Boulder, CO: Lynne Rienner, 2000: 30.
③ SANTOS W G. D. Razes da desordem [M]. Rio de Janeiro: Rocco. 1994: 83.

力投入大规模的群众抗议，而不是像之前一样躲在幕后和政治精英做私下的交易。这场运动被学界称为"都市社会运动"（urban social movement，USM），被认为带来了社会变革的潜力[1]，兴起在这场运动中的团体，如日后的工人党，逐渐成为民主化过程里的核心行动者。

都市社会运动的另一项结果是对公众参与治理的重视。1977年，赢得圣卡塔瑞娜（Santa Catarina）州的拉基斯（Lages）市选举的市长在竞选时提出的口号即为"人民的力量"（The Power of the People），新政府后来创立了一系列参与式民主的实践，包括让公众参与决定乡镇治理，吸引了诸多学者来研究和帮助推广，被称为威权国家内的"小型社会主义共和国"。拉基斯的案例在都市社会运动中得到广泛传播，后来又出现很多效仿的案例，这些都显示了都市社会运动所建立的新型实践，既挑战了地方根深蒂固的庇护主义传统，又推动参与式民主在巴西生根发芽。在这样的背景下，参与式预算的出现并扩散只是时间问题。

1985年，作为民主转型中十分关键的一年，巴西举办了自1966年以来第一次完整意义上的选举，并于1989年举办了第一次总统直选。从社会运动中凸显的公民社会开始在正式的竞技场中对抗以庇护主义为基础的政治精英所把控的腐败的政治系统。民主化不仅带来了竞争性的选举制度，也意味着对公民权利的保障和认可，作为反对党的工人党不仅被选上台，而且带着自己公共参与的创新走向正式制度的视野。

工人党在都市社会运动中累积了丰富的动员经验和参与经验，由于

---

[1] CASTELLS M. The City and the Grassroots: A Cross-Cultural Theory of Urban Social Movements. Berkeley: University of California Press, 1983: 328.

它与当地公民社会的连接，执政后试图将以前的非正式联系变为正式的政党平台工具，它对于构建国家制度层面的民主化有着特别的责任感。参与式预算在众多参与式机构和制度中脱颖而出，成为市镇的公共政策，并自下而上成立一套新的代表制度。很多研究都认为，民主化尽管确立了总统选举和城市首长选举，在城市中市议会的存在仍然如同橡皮图章，因此，新的代表机构的成立和既有的议员发生碰撞，是参与式民主和代议民主并存的体现。通过参与式民主的运作，在地方层面撬动了公民、预算代表、议员和政府机构，参与式预算在地方兴起后，由非营利组织举办的国家人民参与论坛（National Forum of Popular Participation, FNPP），并将它扩展到全国范围，这个论坛前身是针对以公众参与为主题的研讨会。在这里，行政官员、学者、社运人士和社会组织聚集在一起，共同商定参与的形式和方法，也是这个平台将参与式预算作为"工人党的配方"（PT Formula）介绍并推广至全国。除此之外，还有其他一些非政府、非营利组织的介入，一方面他们观察并监督既有参与式预算的做法，另一方面他们也利用自己的资源去推荐给中左翼党派的城市官员。因此，社会运动只是参与式预算兴起的源头，在应用的过程中，参与式预算得到各专业行政人士的认可，它的效率和回应性得到政府的青睐，正如FNPP在介绍中指出：

  参与式预算是促成重要政治、经济和社会成就的有效工具；它让预算的分配和执行更加透明；它对公共财政和公共预算施加更多的社会控制；它创造出新的资源分配规则，满足了弱势阶层的要求；它改善了税收体制，增加市级政府的资源；它能对抗侍从主义和腐败的侵蚀，增进合作和团结；它建立一种在政府和人民之间互相沟通和承诺的对话；它动员了有组织和无组织的社会团体；它是对公民权的教育

参与式预算的制度比较　>>>

也拓宽了公共领域。①

所以，参与式预算在巴西的推广是嵌入在民主转型的大环境背景中，有两方面的动力来源，其一是工人党基于正式制度的脉络，即选举的需求，力图去对接政党—行政部门—公共参与；其二则是公民社会的发展，需要借由参与式预算搭建起一个在地的联盟，有研究表明在公民社会薄弱和丰厚的地区，参与式预算的发展呈现不同的状态和结果。

二、巴西参与式预算的国家特色

巴西的民主化通常被认为是不巩固民主的典型，在预测其发展前景时，学者认为民主的崩溃或巩固都无法断言，但如若民主遭到进一步破坏，则更多是由于巴西的民主体制无法解决转型后出现的问题。② 从1989年到2004年，参与式预算在巴西快速扩散，并且在这一时期，引进参与式预算和发展的成果呈现明显的正相关，比如，提升市级医疗支出，改善地区性社会服务，重新分配资源，③ 然而21世纪以来，巴西参与式预算的数量和品质呈现回落的趋势。

从时间节点上观察，根据统计，20世纪90年代中期和2009年前后是发展的两个高峰期，到了21世纪第二个年头发展趋于平缓。从1989年到1992年，参与式预算主要在巴西南部地区展开，属于工人党小范

---

① BAIOCCHI G, HELLER P, SILVA M K. Bootstrapping Democracy Transforming Local Governance and Civil Society in Brazil [M]. Redwood: Stanford University Press, 2011: 56.
② 胡安·林茨，阿尔弗莱德·斯泰潘，等. 民主转型与巩固的问题 [M]. 孙龙，等译. 杭州：浙江人民出版社，2008：195.
③ BAIOCCHI G, HELLER P, CHAUDHURI S, et al. Evaluating Empowerment: Participatory budgeting in Brazilian municipalities. [M] //ALSOP R, BERTELSEN M, HOLLAND J. Empowerment in Practice: From Analysis to Implementation. DC: The World Bank, 2006: 95-128.

<<< 第三章 阿莱格雷港：作为激进化民主的策略

围内的改革，接着扩展到南部地区，且在1997年到2000年间发展到北方和西北方。2004年，工人党赢得全国大选，参与式预算数量平稳起来，此后经历2008年经济危机的影响，各市府的财政税收状况紧缩，从地方政府到中央层面的经济实体都经历不同程度的资金下滑，因此在基础设施投入方面大幅度减少，已有的参与式机构名存实亡。而到了2016年，在弹劾总统罗塞夫（Dilma Vana Rousseff）之际，紧缩的财政政策又加重了地方原本已经日益严峻的经济负担，有学者早在2014年就断言，认为巴西的参与式预算在十年之内将消亡，或至少是要发生断裂。① 本研究希望说明，财政资源对参与式预算至关重要，同时跟随制度变迁的机构和行动也可能促成巴西参与式预算走向衰败。

作为参与式预算的首创者，巴西工人党是被分析的核心要素，工人党为了执政创制了参与式预算，同时又逐步放弃了这一参与性机构和做法。在刚开始，以1989年至1992年为基准，工人党执政的城市中有23.7%的比例采取了参与式预算（38个城市中的9个城市）。② 1997年到2000年，即机构扩张的高峰时期，这一比例上升到了46.8%（111个城市中的52个），市府当局明确感知到了实行参与式预算和选举成果间的关联③。工人党在2003年谋得了总统大位后的2009年至2012年期间，这一比例却下降到了26.9%（558个城市中的150个），降至与其

---

① SPADA P. The Diffusion of Participatory Governance Innovations：A Panel Data Analysis of the Adoption and Survival of Participatory Budgeting in Brazil［C］// Latin American Studies Association. 2014：1-53.

② WAMPLER B. When Does Participatory Democracy Deepen the Quality of Democracy? Lessons from Brazil［J］. Comparative Politics，2008，41（1）：61-81.

③ Ana Clara Torres Ribeiro，Grazia de Grazia. Experiências de Oramento Participativo no Brasil：período de 1997 a 2000［M］. Fórum Nacional de Participao Popular，2003，转引自转引自 Fedozzi J L，Lima K P. Participatory Budgetis in Brail［M］//Hope for Democracy：25 Years of Participatory Budgeting Worldwide. In Loco Association，2014：153-163.

发展初期持平的水平。有多项研究认为造成这种结果的原因来自意识形态的嬗变,即在担任总统之后,工人党开始寻求与中间力量以及中间偏右的势力结成联盟。研究表明,左翼政党执政的地区实行参与式预算的概率要仅比右翼政府执政的地区大,而在政治中心城市实行参与式预算的概率则比在边远地区实行的概率大。具体统计各市府执政以及实行参与式预算项目,详见表3-1。

表3-1 巴西政党数目和执政党实行参与式预算的比例

实施参与式预算的政党(选取年份:2012年)	数目	百分比
PT(Partido dos Trabalhadores,工人党)	150	43.35%
PMDB(Movimento Democrático Brasileiro,巴西民主运动党)	92	26.59%
PSB(Partido Socialista Brasileiro,巴西社会党)	26	7.51%
PSDB(Partido da Social Democracia Brasileira,巴西社会民主党)	15	4.34%
PDT(Partido Democrático Trabalhista,巴西劳工党)	10	2.89%
PTB(Partido Trabalhista Brasileiro,巴西工党)	9	2.60%
DEM(Democratas;民主党)	8	2.31%
PR(Partido da República,共和国党)	8	2.31%
PP(Progressistas,进步党)	7	2.02%
PCdoB(Partido Comunista do Brasil,巴西共产党)	6	1.73%
PV(Partido Verde,绿党)	5	1.45%
PPS(Partido Popular Socialista,社会主义人民党)	4	1.16%
PSD(Partido Social Democrático,民主社会党)	3	0.87%
PL(Liberal Party,巴西自由党)	2	0.58%
PRB(Partido Republicano Brasileiro,共和党)	1	0.29%
总数	346	100.00%

从表3-1中可以看出实行参与式预算,地方政府的意识形态立场。巴西社会民主党(PSDB)作为老牌左派型政党,本来是数量上第二多

实行参与式预算的政党，接下来是巴西社会党（PSB）和巴西民主运动党（PMDB），他们各自占预算参与总数的大约 10%。但在后一时期，巴西民主运动党上升到第二位而巴西社会民主党下降到第四位，我们似乎可以这样解释，在表格展现的十年中，也就是卢拉和罗塞夫执政期间，巴西工党（PTB）和巴西民主运动党与执政党结合得更加紧密，而这一时期巴西社会民主党是最大的反对党。地方上工人党和其他政党组建联盟使得工人党能够影响参与性计划的实施，联合政府的存在，也能够解释为什么在左翼政党单独执政的地方实行参与式预算计划的比例仅比右翼政党高一点点。工人党是参与式预算的主力军，但并不是所有工人党执政的地方都实行参与式预算，以公共参与为中心的决策形式不一定适合所有的区域。因此沿着政治光谱进一步细分，可以看到如表 3-2 展示的情形。

表 3-2 巴西实行参与式预算的人口和政治光谱分布

人口（千人）	左翼和中左翼（%）	中间派（%）	中右翼（%）	右翼（%）	总计（%）
<10	33.0	53.4	3.4	10.2	100.0
10–50	56.1	30.1	7.3	6.5	100.0
50–100	63.3	22.4	6.1	8.2	100.0
100–250	68.6	19.6	5.9	5.9	100.0
250–500	58.6	31.0	10.3	0.0	100.0
500–1000	75.0	12.5	12.5	0.0	100.0
>1000	57.1	42.9	0.0	0.0	100.0

研究划分依据：左翼与中左翼：PT, PSB, PCdoB；中间党派：PMDB, PDT, PV, PL, PR, PRB；中间偏右：PSDB, PPS, PSD；右翼：PP, DEM, PTB。资料来源：Luciano Joel Fedozzi & Katia Cacilda Pereira Lima. "Participatory Budgets in Brazil", *Hope for Democracy: 25 Years of Participatory Budgeting Worldwide*. In Loco Association, 2014, pp. 153–164.

综合来看，无论是在大城市还是在小城市，中左翼都要更倾向于去实行参与式预算，这与人口规模大小没有联系，所以简单地将参与式预算消亡归结为一种"激进的民主"的失误并不全面。参与式预算在巴西的衰微有另一种可能的原因，即它并没有改变既有社会资源的分配，而是复刻了原有的经济社会不平等并延续了长久以来巴西的庇护主义和腐败的传统。这样的结果植根在制度设计中，所谓成也萧何败也萧何，巴西的参与式预算在一开始就创制了一套结构性的代表体系，即参与式预算议会（PB council，COP），这样的设置将公民置于一个"倾听者"的位置，只有一小部分精英能够在协商中发言。而这群被选举出来的预算议员，即便在政府架构内没有任何收入或正式赋予的权力，却可以凭借参与式预算提供的管道，以地区的名义和政府进行公共资金的商讨与谈判。参与式预算会议自身拥有制定规则的权力，不可避免地会倾向于扩大代表的权力并减少自身的责任，他们与政府打交道更多的不是为了选民的利益而是为了自我的利益或自我团体的利益，这种改变，最终扭转了参与式预算整体的运行。根据一项调查显示，1995年，有一半的参与者认为议员和预算代表"经常"（always）回应他们的需求和咨询，只有11.7%认为他们极少这样做或不做（did it few times or never）。到了2015年，只有28.3%的参与者回答代表们经常这样做，而27.3%的人认为代表们根本不回应或极少回应自己的需求。同时，制度还固化了既有预算议员的特权，从只能连任两次到后期，参与式预算议会的成员越来越难被更新，也越来越容易被利益集团所俘获。有学者通过对具体个案的分析看到，在参与式预算被制度化之前，公民社会的发生是通过社会运动和抗争政治的形式，而以代表为形式的参与式预算出现后，造成某种程度的依赖性参与，反而让公民社会的能动性减弱。这些是与巴西的政治历史背景有关的，在漫长的民主化阶段，出现一群目标各异、行动复杂的公民社会团体，比如工会，他们原本与传统的政党政治保持刻意的距离，因此具备相应的活力，但是在工人党上台后的众多参与式行动中，他们逐步直接或间接被"收编"。制度设置影响后续发展的一个核心因素还在于，制度规范的"步子"迈得太大，过于强调公民的自我约束（self-regulation），参与者本身即是制度规则的创立者。这种做法虽然体现民主的内涵，但是当代表和民众脱节时，就制造了一个巨大的真空，民众被抛弃在机制之外，而由一小撮自己选出的精英主导了整个进程，巴西的参与式预算最终没能保证全过程的民主。可见，制度设计的本意是良好的，但是忽略了政治与公民社会之间的平衡和活动，因此最终导致公民社会实质性的衰微，制度和机构本身也被抛弃了。

三、民主转型中的希望

在分析具体的城市个案前，本研究回顾了巴西参与式预算的发生，明确了它在民主化进程中的时间节点和重要性，因为参与式预算作为地方政治的特色，根植在一个国家独特的政治发展脉络中。事实上，引入参与式预算本身就附有很多额外的政治和组织条件，采取参与式预算的城市也非常多元，特别是到了国际视野中，参与式预算的程序也会随之改变。

从社会背景来看，巴西参与式预算的兴起正是民主转型和巩固的时期，产生了选举预算代表的形式，想要绕过传统的政治中介，象征着与过去庇护主义的断裂。在巴西，工人党是参与式预算当之无愧的代言人，而作为非正式制度的代理人，巴西的参与式预算借助了之前广泛的社会运动的积淀，在实施过程中也充分依赖地方社会组织的动员能力。在具体的议程和结果中，巴西的参与式预算更多实现了对弱势群体的资源倾向,打破既有的精英垄断。

进一步来说,国家层面的民主化意味着建立新的规则和程序,在这个过程中,对于包括参与式预算在内的参与式实践最重要的两个面向是去中心化和地方自治。两者为各市政当局提供了更多在政治、立法、财政和行政上的自主权,因此,工人党才能够有机会将参与式预算作为赢得选举的主要策略,而其他地方城市也有效仿的机会。

1988年,巴西的新宪法是去中心化和地方赋权的制度保障,而区域精英和地方公民社会则是促使这两项改革的关键行动者。巴西民主化过程中,过去在军政府时期获益的地方精英势力也是制定新宪法时期的参与者,他们也希望在新的政治架构中保障自己的利益;同时,在都市社会运动中,地方性团体的势力增长,反对派要求增加地方自主性并保障人民参与;最后,则是1980年后的债务危机,在国内外的压力下,中央政府也希望适当将某些领域的工作转移到地方层面。① 回应这三股势力的要求,巴西的新宪法在中央和地方层面上有四个转变:

首先,地方政府被给予更多政治自主性,城市尽管在行政区划中属于州以下,但是根据宪法安排,城市同时也是国家联邦中的"州级成员"(state-members)。城市根据地方需求制定自己的法律,特别是在土地使用部分,此后很多城市都就本市的法律举行过大规模公开的讨论;其次,地方政府被给予更多的财政自主权,宪法明文规定将一些资源收入转移到城市层面。以前地方政府的资金主要来源于和联邦的收入分享(revenue-sharing)协议,改革后城市也可以征收销售和服务税,

---

① ALVAREZ S. Deepening Democracy: Popular Movement Networks, Constitutional Reform, and Radical Urban Regimes in Contemporary Brazil [M] //FISHER R, KLING J, PARK N. Mobilizing the Community: Local Politics in the Era of the Global City. CA: Sage Publications, 1993: 191-219.

同时一些税种也从中央转移到了州和城市。充足的资金以及自负盈亏的财政状况激发了地方政府寻求预算改革的决心,成为参与式预算能够发展的重要背景;再次,地方政府也被赋予更多的责任,需要提供更多的市级社会服务,1988年,宪法将医疗、交通和基础教育服务认定为由市来负责,因此,城市在享有更多财政资源的同时面临着如何重新分配的问题;最后,则是地方政府可以自由地制度化公民参与公共事务的渠道,新宪法中对于参与的机制有相关规定,因此地方政府拥有更多创新的政治空间和可能性。

在分析了巴西参与式预算的国家脉络后,本研究认为国家层面的民主化推动了参与式预算的发展,并给予启动巴西参与式预算的制度激励,民主化过程也直接为参与式预算提供了新鲜理念的血液。巴西的参与式预算是反对党的"明星工程",是"威权主义下的小社会主义国家",带有浓厚的政党政治色彩,这影响了它进一步的发展,在做出这些概括性结论后,本研究下一步将以阿莱格雷港,也就是巴西参与式预算的首发地作为典型案例,具体分析它的流程,以及通过阿莱格雷港的经验分析参与式预算给地方政府与公民社会的关系带来的改变。

第二节 城市脉络:阿莱格雷港三十年浮沉史

一、兴起:反对党赢得选举的"明星工程"

阿莱格雷港(Porto Alegre),葡萄牙语中的"欢愉"之港。它是巴西南部的南里奥格兰德州的州府，坐落在数条河流的交汇处，温暖多雨，风景秀丽，也是参与式预算的发源地。1989 年诞生在这座城市的参与式预算如今成为全世界很多国家追捧的政府治理实践。1988 年，巴西进行新宪法修订后第一次地方选举，工人党赢得了此后四届阿莱格雷港的市长选举，执政长达 16 年之久。其间，工人党推行参与式预算，并召开了世界社会论坛（World Social Forum），宣传和推广自己的模式。

工人党在竞选的时候并没有明确的参与式预算的概念，阿莱格雷港的参与式预算被公认为真正的民主创新，是超越自由派民主原则且试图民主化的做法。① 但事实上它并不是理论先行，以改变民主政府决策的结构和过程为初衷②，而是源自不同行动者之间利益的冲突以及这些当地脉络和新的参与结构碰撞而形成的结果。

阿莱格雷港经验的创制，既有巴西民主化转型的经验也有当地的传统。最先在此地经营的是巴西的"老左派"——巴西工党（PTB）。工党是由军方和知识分子构成的精英团体，同时有基层式的组织架构，他们的运动方式是从上到下的。比如，1961 年 8 月，巴西军方发动政变，工党成员之一的南里奥格兰德州的州长莱昂内尔·布里索拉（Leonel Brizola）在官邸内指挥反抗，同时在各地成立准军事组织"民主抵抗委员会"。③ 此后，反对力量一再集结并分化，在民主化运动中扮演重要

---

① SANTOS S. Participatory Budgeting in Porto Alegre: Toward a Redistributive Democracy [M] // B. de Sousa Santos. Democratizing Democracy: Beyond the Liberal Democratic Canon. London and New York: Verso Books, 2005: 307-376.
② NEWTON K. Curing the Democratic Malaise with Democratic Innovations [M] // GEISSEL B, NEWTON K. Evaluating Democratic Innovations, Curing the Democratic Malaise. London: Routledge, 2012: 3-20.
③ 萬毓澤《「參與式預算」的興衰浮沈：巴西愉港的故事》，载于"巷仔口社會學"，发布日期：2013/06/17，链接详情 https://twstreetcorner.org/2013/06/17/wanyuze/.

的角色。20世纪70年代中后期,巴西工人运动转入高潮,且在1979年发生了高达300万人的大罢工,工人站稳了脚跟,但是缺乏政治人物和制度的支持。因此,在1979年到1980年期间,巴西工人党(PT)的筹备工作就在左翼政治团体、知识分子和学生以及部分议员的支持下进行,并在1982年得到法律认可。和工党相比,工人党自诩为具有群众基础的社会主义政党,但同时又兼备"意识形态的彩虹",① 因此内部有较大的差异。根据工人党的意识形态和组织来源可以将其分为三类:第一类是工运组织领袖,包括卢拉在内以及阿莱格雷港首位工人党市长奥利维奥·杜特拉(Olívio Dutra)等人,这些领导和组织者在20世纪70年代的工人运动中吸取了广泛的群众动员经验,他们的活动领域也覆盖了经济生活的方方面面,比如,卢拉领导的钢铁工会的大罢工,奥利维奥领导的银行员工工会;第二类是批判斯大林主义者,倾向于民主多元论等原则的激进左翼,可以说,除了共产党之外,所有的左翼团体包括托洛茨基派、激进学生组织等都在紧密合作。② 第三类则是以基督教为基础的社群团体,更广泛来说,是受到以"解放神学"为旗帜的基督教运动③的影响,这些宗教团体本身在巴西的底层就有广泛的基层组织。

那么巴西工人党的建立与启动参与式预算的关联又在什么地方呢?在巴西的历史上,包括工党在内,都是由统治精英发起的,相对于这种自上而下的政治动员方式,工人党的特殊性就在于它高度依赖基层的草

---

① BAIOCCHI G. Militants and Citizens: The Politics of Participatory Democracy in Porto Alegre [M]. California: Stanford University Press, 2005: 2.
② RCKE A. Framing Citizen Participation: Participatory Budgeting in France, Germany and the United Kingom. Berlin: Springer, 2014: 46.
③ GRET M, SINTOMER Y. The Porto Alegre Experiment: Learning Lessons for Better Democracy [M]. London: Zedbooks, 2005: 15.

根组织。同时，由于内部的分化，为了协调各方的利益和代表性，"参与"和"民主"从一开始就是工人党的两大支柱，这两大原则既保证了工人党和基层社会运动的紧密关系，也保证了内部不至于走向分裂。举例来说，工人党的组织设计中规定，每年要在定期召开党代会前，在地方和州的层级召开大量的"会前会"（preconvention），让基层的成员有机会进行讨论，而工人党向入党人员持开放的态度，因此妇女、少数族裔和性少数群体都有机会加入工人党之中。1988年市级选举中，工人党在圣保罗、桑托斯和维多利亚等大都会赢得议会选举的胜利，来自工人党的黑人女性议员路易莎·艾伦蒂娜（Luiza Erundina）当选为当时拉美最大的城市圣保罗市的市长。紧接着，也是在这一年，奥利维奥当选为阿莱格雷港市的市长。选战之前，党内在"参与"和"民主"的原则外，也提出了"翻转优先顺序"（inverting priorities）的承诺，即将富人的财富向穷人重新分配，具体做法则是要建立人民委员会（conselhos populares, popular councils）。关于人民委员会的权力定位和组织形式有多种讨论，[1] 最终奥利维奥采取了"二元权力"或"平行结构"（parallel structure）的概念，即用自愿的公民参与来结合代议民主达到反转社会分配的目的。[2] 因此，奥利维奥和工人党上台之初推行的这种人民委员会，是效仿苏维埃的做法，让基层人民和代表直接行使与监管权力，这种计划即刻造成了一个理论上的困境，即：

  权力其一是来自原本就有的代议制度和代表；其二是来自新的公共领域，即建立在公民社会组织之上的直接发声，并结合如公投与自决等

---

[1] ABERS R. Inventing Local Democracy: Grassroots Politics in Brazil [M]. Boulder, CO: Lynne Rienner, 2000: 51-52.

[2] ABERS R. Inventing Local Democracy: Grassroots Politics in Brazil [M]. Boulder, CO: Lynne Rienner, 2000: 67.

<<< 第三章 阿莱格雷港：作为激进化民主的策略

全体咨询的机制。①

理论上的困境反映到现实当中则是市府发动工人接管公司等活动遭到既有利益团体的阻挠，在缺乏现实基础的时候，奥利维奥和市府才决定从预算问题入手，将公民引入预算制定的进程中。"无心插柳柳成荫"，这种做法后来获得成功，参与式预算也从此处植入了与既有代议制度并行的第一个独特色彩。

第二个特色是分权，则是源自对抗当地的侍从主义传统，即地方政客用选票换取对特定社区的特殊承诺。当时阿莱格雷港的地方区划分为中部、北部、东部和南部，是一种典型由技术官僚主导的划分，民众在各区公共事务的参与率都很低。因此工人党上台后，民众要求更大的权力下放，社区运动建议将现有的四个大区分为 16 个，方便公民参与本区域内的讨论。这样，在 1990 年第一次进行参与式预算的时候就集中了新划分出来最贫穷的四个区域的资源，而公民在这些地方目睹了工程建设的成果时，对参与式预算的热情也迅速提高。新的区划为了满足工人党"翻转优先次序"的原则，也制定了资源分配的标准：资源倾斜给参与式预算选择出来的项目；资源要照顾缺乏基础设施和服务的区域；资源要兼顾区域内的人口分布。② 在这种规则的影响下，最贫困的人群更加热衷于参加预算的公开讨论和投票，相应地，他们所在的社区在工程和服务方面获得更多的新建投资，这与工人党政府的考量相辅相

---

① 转引用自 RCKE A. Framing Citizen Participation: Participatory Budgeting in France, Germany and the United Kingom. Berlin: Springer, 2014: 47. 原文出自 Genro T. Vers une nouvelle citoyennet. Thèses pour une thorie dmocratique de l'Etat du socialisme [J]. Mouvements, 2001 (18): 32-37.

② BRUCE I. The Porto Alegre Alternative Direct Democracy in Action [M]. London: Pluto Press, 2004: 42.

83

成,形成良性循环。制度一旦启动,就获得自身发展的动能,到了1992年,阿莱格雷港参与式预算的人数从最初的不到1000人增加到最初的五六倍,1994年主题会议召开的时候,这一数字攀升到了1.5万人,而在21世纪初更是达到3万多人。当公民个体被激励和动员起来时,参与式预算也为社区组织提供了一个平台和发展空间。研究表明,这一时期,社区类公民组织的数量也大幅增长。[①]

第三个特色则是参与式预算在总预算中享有较高的份额,工人党推行参与式预算的目的在于为更直接的民主形式开辟道路,公众讨论也是对预算使用方式新的授权,因此公共控制是核心原则之一。在理论上,阿莱格雷港的参与式预算有权决定整个市府预算,但是囿于实践的限制,最终只占到市政预算的10%,但是这也足以开创一种新的制度,是一种双重权力的雏形(embryonic form of dual power),[②] 也是阿莱格雷港参与式预算与后来扩散出去的参与式预算模型的区别。

二、阿莱格雷港参与式预算的架构

从1989年到2004年,阿莱格雷港参与式预算逐渐成形并制度化[③]。在这部分,本研究将具体分析阿莱格雷港参与式预算的具体时间、内容以及阶段性任务,具体的制度设计都是对应参与式预算设置之初的构想,详见图3-1。

---

① 详见对 Assis Brasil Olegario Filho 的访谈,转引自 BRUCE I. The Porto Alegre Alternative Direct Democracy in Action [M]. London: Pluto Press, 2004: 45.
② BRUCE I. The Porto Alegre Alternative Direct Democracy in Action [M]. London: Pluto Press, 2004: 51.
③ SINOTMER Y, HERZBERG C, RCKE A. Transnational Models of Citizen Participation: The Case of Participatory Budgeting [J]. Journal of Public Deliberation, 2012, 8 (2): 9.

<<< 第三章 阿莱格雷港：作为激进化民主的策略

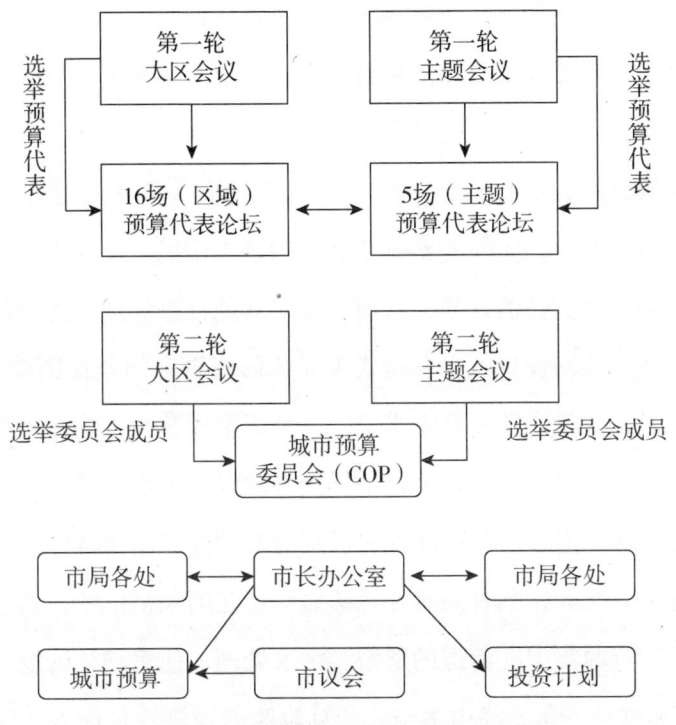

图3-1 阿莱格雷港参与式预算的架构一览

阿莱格雷港开创的参与式预算的特征是遴选预算代表进行讨论，依托的机构是城市层面的大区会议和主题会议，预算代表面向全体社会成员招募，并由其参与预算编制的过程。在城市内部，有按照地理区域划分的区内会议和按照讨论主题划分的全体会议，会议之间还穿插有其他的小型筹备会议，小型会议一般没有政府人员参与。在第一轮的地区大会上，地方政府的官员会向听众介绍有关城市预算的信息，回到自己的社区后，预算代表会在自己的社区内部举办相关的会议，居民们商讨优先的基础设施清单。而在第二轮的会议中，每个大区会选出自己的预算议员进入全市序列的市政预算委员会，在接下来的几个月中，这些来自城市不同地区的预算议员们之间相互协商和谈判，以在细部的投资类别

85

中区分出整个城市的优先投资顺序,这个挑选出来的预算委员会和地区性预算论坛还负责监控全年的项目支出,并及时跟进实施中的问题。在不同的城市,项目的提议收集还具有不同形式的新颖做法,比如,在当选为地区的预算议员后,地区会议组织"优先大篷车"活动,代表们乘坐巴士游览城市,实际考察每个社区的基本情况,让代表们对城市的总体状况有个概览性的认知,从而激发对其他社群和区域问题的了解。

从硬性的机构设置上,参与式预算的创新更多的是在围绕"预算"领域,即对资源优先性的确定当中。一个国家预算投入的方向指示了社会政策的偏好,如果像经营公司一样经营政府,那么预算应当投入回报率最高的领域,但政治的特殊性造成政府的预算分配常常体现为不同地区的对比中。比如,既有的研究总结显示,在阿莱格里港,通过参与式预算分配的资源集中在街道的整修、污水处理、住房和社区设备的更新上。① 那么这样一来,经由参与式预算修改的预算项目优先次序是否影响了整个预算,特别是基础设施的建设问题?据统计,在阿莱格雷港,参与式预算使用的资金从 1992 年开始就稳定增加,在 1994 年达到峰值(8200 万美元)。参与式预算结果显示人民的选择和政府事先想的会存在差别,比如,在阿莱格雷港实行参与式预算的头一年,政府预估穷人最想改变的是公共交通问题,但投票结果显示人民选择的是饮用水供应和污水处理。②

从实际的运行结果来看,阿莱格雷港参与式预算的行动者展示出广

---

① SOUZA C. Participatory Budgeting in Brazilian cities: Limits and Possibilities in Building Democratic Institutions [J]. Environment and Urbanization, 2001, 13 (2): 159-184.
② MATTHAEUS H. Urban Management, Participation and the Poor in Porto Alegre/Brazil [M]. Birmingham: Institute of International Development, Schoole of Public Policy, 1985: 266.

泛的包容性。南部巴西公民自治拥有浓厚的传统，经调查显示，60%的参与者来自有过抗议活动的地区，同时有76%的参与者表示曾经加入过某种形式的组织，主要是社区协会①，参与总人数逐年递增，已至几十万。而通过对这些参与者的背景调查发现，一半以下的受访者家庭月收入在228美元以下，18%的家庭月收入在228—380美元之间②，都属于中等收入以下的家庭，因此，通过参与式预算得出的结果也常常是惠及普通的民众。巴西参与式预算最重要的角色是预算代表，他们负责统筹居民的提案并在市政府内部进行协商项目的优先序列讨论。在阿莱格雷港，预算代表是从参与式预算的全体会议中挑选出来的，之所以不去从既有社区协会中选择代表是因为长期以来社区协会的积极分子多为民主劳动党（Democratic Labour Party）成员，也是工人党在南里奥格兰德州的主要对手。预算代表的规模随着时间的推移、总体参与人数的增多而慢慢改变，起初每五个人当中就有一位代表，1996年为每十位中有一位代表，再到二十位，代表的任期为一年且只能连任一次。学者和研究人员从一开始就十分注意代表的选择问题，要保证挑选的透明性问题，防止新的庇护主义出现，造成参与式预算资源陷入垄断。

在实施过程中，政府部门的设置是将"参与"和"预算"对接为关键连接点，一开始，阿莱格雷港的规划局秘书处被当作参与式预算的负责部门，但是很快，传统部门的官僚性弊端开始显现，于是有了协调办公室（Gabinete de Planejamento, GAPLAN），其由市长领导，直接统

---

① ABERS R. From Clientelism to Cooperation: Local Government, Participatory Policy, and Civic Organizing in Porto Alegre, Brazil [J]. Politics & Society, 1998, 26 (4): 511-537.

② ABERS R. From Clientelism to Cooperation: Local Government, Participatory Policy, and Civic Organizing in Porto Alegre, Brazil [J]. Politics & Society, 1998, 26 (4): 511-537.

筹参与式预算的运作。在另一些城市当中，公共工程的传统代理商成为参与式预算的阻力，因为参与式预算直接改变了既有公共工程的支出方向，这种境地下，也有市长选择改组这些代理公司的董事会而不是重新开辟一套新的机构来执行参与式预算计划。①

历史制度主义的研究认为，制度本身不是中立的，参与式预算的架构同样会导致阿莱格雷港参与式预算的成效，其中最重要的是谁参与（包容性），参与的条件（质量），能否切实影响公共政策（有效性），讨论的主题和谁主持讨论议程（实质性）以及社会如何监督参与式预算的实施（问责性）。巴西内部的社会经济发展存在较大的差异，关于公共产品的供给和服务因人而异，参与式预算的设计在多个面向上保证了参与的民主化，这些后续讨论的基础。

首先是在参与门槛上保证参与的多元化、包容性和平等性。此前，低收入群体没有任何途径参与公共政策的讨论和决定，而参与式预算一视同仁，允许并鼓励文化水平和受教育程度较低的人和有色人种参与进来。② 此前，巴西民主化之后发展的不均衡问题一直为人所诟病，考虑到这一点，参与式预算所蕴含的包容性对巴西民主进程意义深远，它借助国家体制的资源——预算，创造出一个国家外的公共领域，一个自治性组织结构（autonomous structure of the State [which would be] self-regu-

---

① Marcus Andr Melo. Reforma do Estado e mudança institucional no Brasil [M],. Massangana, Recife, 1999: 268.
② Vaz A. C. N. Modelando a Participa o Social: uma Análise da Propens o à Inser o em Institui es Participativas, a Partir de Características Socioecon micas e Políticas [J]. Revista Brasileira de Ciência Política, 2013, 1 (10): 63-106.

lated)。①

其次是参与式预算的架构影响并改变公共管理系统,这是阿莱格雷港参与式预算带来的"惊喜",即整个公共机构趋于民主和理性,但是这也要取决于不同参与式预算的设计,比如,它是否能够取得市政所有预算的信息,公民对公共预算的控制程度。根据阿莱格雷港参与式预算的设置,一方面,参与式预算虽然不是分配资金的唯一方式,但是在计划中尽可能多地让民众讨论更广泛的预算资金,统筹它的部门也直接归市长管理,提升其政治地位。另一方面,密集的地区和主题会议为民众提供预算专业信息的培训,让民众能够更好地行使其社会责任。参与式预算的有效性还直接体现在项目当中,让公共投资更好地兑现社会正义的政治承诺,参与式预算通常能够满足居民对于建筑工程和基本服务的需求,比如,卫生、人行道、住房、教育和社会援助等,照顾到社会弱势群体,这也为公共服务管理确定了一个可以改善的方向。

最后,阿莱格雷港参与式预算与巴西整个的都市更新计划不谋而合,它的架构也被吸取到其他城市发展项目中。1988年,巴西的新宪法确立了城市改革的机制,改革旨在扭转空间的社会隔离,遏制土地的过度商业化和房地产投机行为,以及庇护主义在基础设施建设方面的盛行。② 城市改革运动最终认识到只有通过民主参与市政管理才能实现这

---

① GENRO T. 'Le Budget Participatif et la démocratie' in T. Genro and U. de Souza Quand les habitants gerent vraiment leur ville. Le Budget Participatif: l' expérience de Porto Alegre au Brésil. Paris: Charles Lopold Mayer, 1998: 13 - 37. 转引自 RCKE A. *Framing Citizen Participation: Participatory Budgeting in France, Germany and the United Kingom*. Berlin: Springer, 2014.

② BAIOCCHI G, HELLER P, SILVA M K. Bootstrapping Democracy Transforming Local Governance and Civil Society in Brazil [M]. Redwood: Stanford University Press, 2011: 46-48.

些目标，在工人党总统卢拉执政期间，成立了城市部，筹备有利于改善城市发展的体制框架。但实现城市权的基础在于协调好预算和社会政策的关系，因此参与式预算成为剥离已有开发商、建筑公司的最好手段。参与式预算作为新生的事物，代表了弱势群体的力量，与既有的利益集团进行对抗，推动巴西的都市更新向前进步。

尽管阿莱格雷港参与式预算设计之初有良好的愿景和目标，也收获了一定的成果和声誉，那么经过三十年的发展它又呈现怎样的结局呢？

三、阿莱格雷港参与式预算的没落

2017年3月，在一个由学者和社区领袖汇聚的学术研讨会上，新当选阿莱格雷港市长的内尔森·马彻赞（Nelson Marchezan）宣布终止已经延续了28年的参与式预算计划。对于盛名在外的阿莱格雷港来说，这无疑是一个非常讽刺的结局，阿莱格雷港的参与式预算曾被认为是一种"新型参与式民主"的雏形，[1] 也被看作是赋权给人民和社会运动的新标杆，[2] 本身更是促进社会公正的分配方法。[3] 那么为什么这样一套卓有成效且历时不短的做法说停就停呢？如果参与式预算真的如学者说的有那么多正面效应，受到参与式预算恩惠的民众为何没有表达一丝抗议和不满呢？难道只是因为新上任的市长对这项举措不感兴趣？回答这个问题，可以回到当时的现场，当市长在会议上宣布因为市政府资金短

---

[1] CABANNES Y. Participatory Budgeting: a Significant Contribution to Participatory Democracy [J]. Environment and Urbanization, 2004, 16 (1): 27-46.
[2] WAMPLER B. *Participatory Budgeting in Brazil: Contestation, Cooperation, and Accountability*. [M]. PA: Pennsylvania State University Press, 2007: 75.
[3] Sousa Santos B. Two Democracies, Two Legalities: Participatory Budgeting in Porto Alegre, Brazil [M]. Law and Globalization from Blow: Towards a Cosmopolitan Legality, 2005: 310-338.

缺问题而要终止参与式预算时，经预算参与选举出的参与式预算委员会（COP）没有做任何讨论而是仅仅附和了市长的提议，这个委员会在历经二十多年的变迁后成为一个傀儡。阿莱格雷港提供了一个很好的范本缩影，是政府执行这项计划的意愿丧失，还是一些组织结构性因素早已让阿莱格雷港的参与式预算名存实亡？

首先，本研究希望明确分析的要素，根据学者阿微策（Avritzer）的划分，有很多变量在理解参与式民主过程中至关重要，其中最重要的两个变量是领导人的政治意愿以及过程的制度设计。[①] 当然其他影响因素，如社会的自组织架构、一个国家的民主化水平、政府的财政状况也是值得注意的，但是前面这两个因素是直接规定参与者行动的准则。在这里，政治意愿指的是承诺进行民主进程的表态，制度设计指的是一个城市或地区中进行参与式预算的具体架构。这两个维度在实际中是交叉影响的，也共同受制于既有的权力网络。

在政治意愿方面，从1989年工人党实行参与式预算以来，2004年的选举在其发展中有转折的意义。这一年，工人党被由12个党派组成的政党联盟击败，获胜的政党联盟涵盖极右翼到中左翼，他们承诺会继续维持参与式预算在阿莱格雷港的运行。截至此时，参与式预算在这个城市广受欢迎，为这座城市赢得了国际声誉，工人党执政期间的反对党也认可这种做法。万普勒研究认为，在1997年到2004年期间，采用参与式预算为政治家提供了潜在的收益，因此对官员们产生正向激励作用，[②] 这也是新的执政联盟继续沿用的主要考量。在新政府建立之初，

[①] AVRITZER L. O Or amento Participativo e a Teoria Democrática: um Balan o Crítico. A Inova o Democrática no Brasil [M]. S o Paulo: Cortez, 2003: 13-60.

[②] WAMPLER B. Participatory Budgeting in Brazil: Contestation, Cooperation, and Accountability. [M]. PA: *Pennsylvania State University Press*, 2007: 15-16.

参与式预算的程序没有发生明显的改变，时间节点、代表的产生、委员会的工作都像之前一样得到维护。但是主政者的政治意愿很快便改变了既有的制度设计，引导参与式预算发生质的改变。这个变化首先发生在参与式预算的行政程序上，从 1989 年到 2004 年，参与式预算一直是政府部门的行政核心，和市长办公室的工作直接关联，参与式预算的管理者也负责联结政府其他部分。协调办公室是决定和监督市府所有支出和投资的官僚成员，如果没有它的参与，就无法分配资金和决定款项。而从 2005 年开始，参与式预算被划归到新成立的市政—地方治理秘书处上，并行的还有二十多个其他功能的秘书处，参与式预算的地位被大大降低，也失去了在原有政府决策体系中的关键作用。权力地位的下降直接导致了参与式预算所占财政资源的紧缩。1994 年，经由参与式预算计划而产生的投资项目占到阿莱格雷港市府总投资的 74.6%，投资额度占总预算的 16%，而到了 2008 年，参与式预算主持的投资计划仅占到 9.6%，占总预算的 1.6%，在 2016 年更是只占到总预算 0.6%。① 参与式预算投资份额的减少并不是唯一的问题，工人党在 2004 年的失利原因还包括先前大量投资由参与式预算讨论决定，但是却未得到很好的执行，参与式预算的效果也被大打折扣。根据世界银行的报告显示："从参与式预算运行以来，已实施的投资计划占比一直在下降。这个百分比以相对简单的方式呈现了预算投资是否能在规定的时间框架内有效完成，以及参与式预算计划提出的需求能否被有效执行。在 1990 年到 1999 年这十年中，约有 90% 的项目在规定的时间内完成，而自 2000 年开始这一比例大幅度下降。2004 年下降到 60% 并且其后下降的幅度更

---

① 数字来源于阿莱格雷港参与式预算投资计划（Investment Plans of Porto Alegre PB），详见 http://www.observapoa.com.br/default.php?reg=2&p_secao=24。

大。"（World Bank，2008，p.47）

在政府的预算清单中，时间周期决定了成本大小，因此承诺率（commitment rate）既是考核各个部门业绩的标准之一，也是保障参与式预算持续进行的有效指标。在承诺率低的情形下，来年公众参与的积极性以及新进资金的数额都会降低。值得关注的一点在于，这种政治意愿的逐年下降并不全部都是政府的责任，制度变迁当中各行动者之间的角色是互相影响的。由民众选举产生的参与式预算委员会的意愿也同样重要，面对这种趋势，预算议员没有提出强烈的抗议与反对，当政府想要自上而下去削弱参与式预算的动力时，没有一个管道能自下而上地表达异议的声音。而工人党作为参与式预算的策划者，从 2004 年失去了政权转入反对党时，他们对于参与式预算的态度也发生了微妙的变化，此时的参与式预算是执政党的工程，基于政治理性他们开始抨击参与式预算被操纵。与阿莱格雷港的地方政治相反，2003 年起，工人党在全国赢得选举，主要精力提升至国家一级的改革当中，只有基层的社会组织和社会运动还愿意保留参与式预算的斗争空间。所以，当研究评价政治意愿的缺失导致阿莱格雷港参与式预算的没落时，不仅要考虑做出终止决定的当权者的行为，也要考虑民众的消极应对，当两方面都朝着一个方向发展时，阿莱格雷港的参与式预算必将走向消亡。

除了政治意愿的下降，制度设计中的一些特点也是导致参与式预算被边缘化的原因，这些问题在工人党执政时候就已经显现，因此是"阿莱格雷港"模式的一部分，了解这些规则程序上的缺陷是保证日后不会重蹈覆辙的关键。

上述导致政治意愿降低的原因，包括没有机制来保证年度的承诺率，缺乏制度化的透明监督机制以及未能解决参与式预算的教化功能，都可以在程序设计当中找到蛛丝马迹。在承诺率问题上，在预算期间没有得到很好的执行，有时是因为技术问题，有些时候是资金的缺乏以及初始计划的周全，因此在很多年头，由参与式预算产生的投资项目和计划被顺延到的下一年。但是下一年参与式预算又照常进行并选出新的项目，这样一个一个未完成的计划就会被累积起来。在实际操作中，投资的成本也没有被很好地考虑，绝大部分的建设类项目都无法在一年内完成，如果预算的时间和实际项目的进度未能保持一致，就意味着项目被严重拖延了，而民众也会对参与式预算丧失信心。第二个问题在于缺乏与市政府财政项目有关的透明监督机制，政府承诺要打开"黑箱子"，然而这种许诺是单方面的并没有形成相应的规则。基于参与式预算，市府和民众之间建立了一种非正式的信任关系，这种关系由参与式预算的实施作为保障，同时政府部门和民众就资金支出和使用展开实质性的讨论。在2003年之前的公共会议上，政府首先汇报上一年的财政投资情况和工程优先事项，市长和财政部部长会出席所有的会议并将公共财政的数据提供给公众。第二轮政府会提交相关的收入和支出证明，以及政府可用的资源和投资分配标准，参与者能在会议中充分地讨论这些财务问题。而从2004年以后，区域性会议和主题会议合二为一，留给参与者讨论财政问题的时间和空间也大大缩减，接下来的几年中，这种会议被简化为简单的幻灯片演示，也没有公布任何市府真实的财政数据。除此之外，参与式预算的回应性也被削弱，2006年，阿莱格雷港市政厅上线了一个互动系统，任何公民都可以查看市政投资计划的具体项目，但是没过几年这个系统就被弃之不用了。阿莱格雷港参与式预算的模式本身预设了公民个体有专业处理复杂财政项目的能力，但是忽略了参与的本身是一个学习的过程。只有通过进阶的认知和参与，人们才能了解到政府部门的运作，个体并非从一开始就是专家，因此参与式预算的教化功能没能得到展现。最后一个缺陷，同时也是阿莱格雷港的创新举措，即选举产生参与式预算委员会作为一套代议制民主机构，这个委员会本来是参与式预算决策过程的核心，却逐步固化为既有政治体系的附庸。他们借着自己代表选区的名义与政府做谈判，决定具体运作的过程，实际行动中，他们更多的是想扩大自己的权力减少自己的责任，这导致参与式预算委员会最终与设置之初的目的背道而驰。

通过梳理这样的一个进程，可以借助阿莱格雷港的经验窥探出参与式预算发展的一隅，阿莱格雷港模式作为一个世界性的榜样到暂停，从政治实验的角度来看是悲观的，也会导致研究者怀疑参与式预算作为民主化先锋的工具价值。但是，最初塑造参与式预算的许多动力和活力仍然存在，参与式预算仍然是当下阿莱格雷港社会运动的一个中心。同时，在28年的发展中，参与式预算降低了当地的贫困水平，给予公民学习和发展的能力以及技能，这都打下民主发展坚实的基础。接下来，研究将具体分析阿莱格雷港参与式预算形塑的政治空间，并分析从中折射出来的参与式民主和地方权力的关系。

第三节 未竟的奇迹：参与式民主的迷思

作为巴西"民主圣地"的阿莱格雷港，为什么参与式预算会兴起在这里，又最终走向衰败？阿莱格雷港既是神话也是迷思，神话在于"进步"的社会运动催生了"进步"的政党，"进步"政党执政后推行平权的政策（参与式预算），巩固了社会运动的成果。迷思在于"进步"的政党后来失去政党协作的力量，"进步"的政策也失去弱势群体的支持，最终消亡。在前面的两节中，分析了阿莱格雷港参与式预算建立的国家背景和自身的制度条件，本小节将从行动者的视角出发，来阐释参与式预算在这个城市所建立的社团生活空间，而这一空间又是如何慢慢沦为傀儡的附庸。

一、激进政治与社会公正

市长奥利维奥和工人党作为参与式预算的启动者和关键人物，从原初对于"二元"权力结构的设想转变为参与式民主，是根据实际经验的学习。有学者对此过程进行阐释，认为社会运动的原始理念在进入正式制度框架之后发生改变，即原有的社运是注重对社会组织和行业协会参与的重视，但最后，是要去弱化既有协会及领导人的决策而偏向个体公民。[①] 这种转变的理论意义是从结社民主到直接民主的转向，而现实影响则是标志了工人党作为一个社会运动型政党追求有效治理的开端。

与20世纪六七十年代兴起于美国的参与式实践相比，工人党设置的参与式民主框架带有更多的激进成分，目的在于通过公民掌握国家政权，并强调"翻转优先顺序"，赋权和给予贫穷的人群，核心在于"激进的民主化民主"。具体做法则是从人民委员会的设想演化而来，是要创制新的制度和国家组织，让公共决策大幅度地倾向于全民的福祉，在这一过程中，让新的非公部门领域兴起，对抗"国家的社会控制"（a

---

① GANUZA E, BAIOCCHI G. The Power of Ambiguity: How Participatory Budgeting Travels the Globe [J]. Journal of Public Deliberation, 2012, 8 (2): 1-12.

<<< 第三章 阿莱格雷港：作为激进化民主的策略

social control of the state）。① 来自劳工阶层及整个公民社会的意见都能通过这套制度和做法反转既有的财富分配方式，实现良好的治理。因此，这一套参与式预算设计有两个中心，一个是来自投票，一个是来自参与的制度，这套设置既区别于传统的代议体制同时也区别于传统的民粹主义（traditional populism），它包含了对预算代表的投票选择，也有金字塔式的层级会议。为了确保所有人有效而平等地投入，过程保持弹性与持续的流动，根据对阿莱格雷港市下贝伦·诺沃（Belém Novo）地区一场街区会议的记录，参与式预算的会议常常呈现这样的一个场景：

在六月的一个冬夜里，成百上千的人涌入一个仓库大小的会议厅，隔壁是贝伦诺沃地区的大教堂。人们从雨中冲进来，领取投票纸。大厅内，活动开始前，有这样一幕表演，一位妇女尝试说服市府官员不要关闭她的日托中心，但徒劳无功，她悲观地呐喊，"如果像我这种人在政府里面有发言权就好了"。节目表演完后，大厅内已人满为患，由政府官员首先宣读一些公告，然后社区成员发言。一位妇女虔诚地感谢坐在前桌的市长，感谢他为自己居住地区新修了下水管道；另一名男子则愤怒地抱怨说，新的健保场所尚未完工。有位平民吸引了全场的注意力，他大喊道："请投票给1号项目！""只有多娜·艾尔莎（Dona Elza）和她的同伴才能捍卫我们地区的需求！"在十个人发言完毕后，市长发表了讲话，他说，"你们不应该感谢政府，你们应该感谢自己，感谢自己为此付出了所有辛苦的工作和组织。"市长讲话后进行投票选举，成群

---

① GENRO T. Le Budget Participatif et la démocratie [M] //Genro T, U. de Souza Quand les habitants gerent vraiment leur ville. Le Budget Participatif: l'expérience de Porto Alegre au Brésil. Paris: Charles Lopold Mayer, 1998: 13 - 37. 转引自 RCKE A. Framing Citizen Participation: Participatory Budgeting in France, Germany and the United Kingom. Berlin: Springer, 2014: 49.

97

参与式预算的制度比较 >>>

的人围着房间中央的两个盒子,当人群慢慢散去时,有人在点票并拿着麦克风报数,"第一名获得了70%的选票","它赢得市政预算委员会四席中的三席"。①

在参与式预算这样的政治空间中,官员和民众聚在一起讨论有关经济、运输、教育等议题是常态,公民比之前有更多的机会参与决策,同时也能监督执行的效果,这个意义是双重的。来自英国的评论家希拉蕊·温特莱就认为,"在巴西,工人党的重心不只是放在发展政治结构上头,它同时也想建立一种文化,人民可以从中获得自信以及团结感,并且感觉到自己有能力去参与政治。"②

阿莱格雷港的参与式预算稳步推进,还得益于两大因素,一是反对派力量的薄弱。阿莱格雷港有悠久的社运历史,工人党在社运中累积了众多政治支持者,而反对派力量相对分散,很多反对势力在开始的时候也并没有把参与式预算当回事,比如,巴西民主运动党(PMDB)在参与式预算出现时没有重视讨论应对的策略,而直到它成为工人党的"明星举措"后才发觉项目的意义。另一些反对势力,比如,巴西民主劳动党,曾通过当地住民协会联盟(UAMPA, the Union of Neighborhood Associations)等组织要求党员与社区居民抵制预算会议,但收效甚微。基层对于"参与"的需求远远超过了党派的指令,一直到20世纪末这些反对派势力才逐渐联合起来,并在2004年市长选举中击败了工人党候选人。而此时,经过一段时间的发展和年复一年的民主训练,参与式预算的制度化成果已逐步显现。

---

① ABERS R. Inventing Local Democracy: Grassroots Politcs in Brazil [M]. Boulder: Lynne Rienner Publishers, 2000: 1-2.
② 邱毓斌. 红色森巴——巴西自主工运与工人党的奋斗历程 [EB/OL]. 苦劳网, 2002-11-12.

98

二是工人党治下地方经济和税收的复苏，工人党响应联邦分权的改革，对税制进行多方的调整。从1989年到1991年，阿莱格雷港的财政增加了一半，而1989年到1999年十年中，阿莱格雷港的收入增加了一倍，其中，有六成都是自己的税收（非州政府和联邦政府补贴）。

因此，可以说，从1989年参与式预算诞生到2004年，是参与式预算在阿莱格雷港的稳步发展时期，并为这个地方带来深远的改变，参与人数逐年增多，且低收入人群、女性以及年轻人在其中显得非常活跃。① 先前在政治系统中被排除的人群获得更多的赋权，特别是劳动阶级得到更多的重视。② 也有学者认为当地的侍从结构问题也大致上得到了解决，政治系统与公民社会的关系得到大幅改善。③ 在这一时期，公民在参与式预算中的决策是自主的，尽管参与式预算另行建构了一套系统，且与现有的代议制度不同，但不可调和的矛盾尚未显现。

二、傀儡政治与不明的前景

在对巴西参与式预算的国家制度背景的分析中，阐释其与工人党千丝万缕的关联，工人党政治意愿的下降以及自身政治地位的没落，加上制度设计上的流变使得以阿莱格雷港为典型代表的巴西参与式预算走向衰微。接下来，本研究继续从微观的层面去透视巴西参与式预算后半部

---

① SINOTMER Y, HERZBERG C, RCKE A. Transnational Models of Citizen Participation: The Case of Participatory Budgeting [J]. Journal of Public Deliberation, 2012, 8 (2): 9.
② BAIERLE S G. Urban Struggles in Porto Alegre: Between Political Revolution and Transformism. 转引自 SINTOMER Y, HERZBERG C, RCKE A. Transnational Models of Citizen Participation: The Case of Participatory Budgeting [M] //Hope for Democracy: 25 Years of Participatory Budgeting Worldwide. In Loco Association, 2014: 33.
③ LEONARDO A. Democracy and the Public Space in Latin America [M]. Princeton: Princeton University Press, 2002: 145-148.

分的发展，观察"激进政治"空间是如何走向下落不明的境地。

2004年，来自巴西民主运动党的何塞·弗格萨（José Fogaça）集结了反对派、中上阶层和右翼精英的力量在二轮选举中击败了来自工人党的前任市长罗尔·蓬特（Raul Pont）。2008年，弗格萨再次连任成功，并于2010年参与南里奥格兰德州州长选举而辞职。接下来的市长辅选由来自巴西民主劳动党的何塞·福尔图蒂纳（José Fortunati）胜出，在2012年的市长选举中，福尔图蒂纳以65.2%的高得票率连任，工人党候选人只获得不到10%的选票，遭遇了在阿莱格雷港的最大失败。这一期间，不论是弗格萨还是福尔图蒂纳，保守政府在形式上都不敢废除参与式预算，但是新政府一步一步舍弃了各个层级的邻里会议，并仅仅执行极小部分选中的计划，① 第二节所归纳的出资率问题也是从这里来的。同时在理念上，新的市长将参与式预算连接到具有新自由主义和管理主义色彩的"在地团结治理"（Governança Solidária Local, Local Solidarity Governance）模式中，与工人党的执政理念相比，它强调的不是参与、民主以及资源的再分配，而是要积极主动地吸纳各种社会组织和私人企业，构建多元化的"伙伴关系"。根据学者的记录，阿莱格雷港的政治协商与地方治理秘书非常明确地指出，"在地团结治理旨在扩大执行者的伙伴关系范围，而非深化民主审议与决策。"② 这种状况下，参与式预算不再是担任分担预算决定权力的机制，而更多倾向于"沟通"和"咨询"的作用，早在2005年，一份针对阿莱格雷港的民间组织研究的刊物中指出，参与式预算虽然形式上仍然存在，但正在排除公

---

① WAINWRIGHT H. Reclaim the State. Experiments in Popular Democracy [M]. Revised edition. London: Seagull Books, 2009: 167.
② WAINWRIGHT H. Reclaim the State. Experiments in Popular Democracy [M]. Revised edition. London: Seagull Books, 2009: 166.

<<< 第三章 阿莱格雷港：作为激进化民主的策略

民的直接参与。① 由于对参与式预算兴趣索然，保守政府内部的市府高层领导，比如，市长、市长秘书和各局处首长，也越来越少出席预算会议，像前文在贝伦·诺沃看到的情形越来越少，而市民和预算代表不满的情绪日益增多。可以说，正是巴西民主劳动党的"消极抵抗"措施最终拖垮了上至官员、下至参与者的积极性和耐性，而结束参与式预算的这个名声则由2017年上台的巴西社会民主党市长内尔森来承担了。

本研究认为，参与式预算和工人党的得票率呈现显著相关性，参与式预算没落了，工人党在阿莱格雷港也失势了，那么靠社会运动起家，并且又借助参与式预算拓展的公共社会空间为何也消失得无影无踪呢？关于这一点，一方面，我们需要了解阿莱格雷港选民的投票心理，即阿莱格雷港的民众习惯于一种"分裂投票"（splitting vote，市长投给工人党，而市议员投给其他党派），也就是说，工人党在该地的政治基础并不是十分稳固。学者白奥奇认为，阿莱格雷港的公民社会效忠的不是工人党本身，而是一套让市民可以投身其中的规则，这套规则即让公民社会有自主性，也有权利针对治理问题做出有意义的决定。② 另一方面，则是社会运动和参与式预算组织形态的此消彼长，也就是说，尽管参与式预算的引进让过去的侍从主义运作稍微失去一些牵引力，但是依赖行政部门的这种制度化也使得既有的社会运动领袖高度信任政府。因此，

---

① 这份期刊是由"都市研究与咨询中心"（Centro de Assessoria e Estudos Urbanos, CIDADE）在2005年12月发布的葡语杂志，详细可参照KOONKINGS K. Surviving Regime Change? Participatory Democracy and the Politics of Citizenship in Porto Alegre, Brazil [M] //Patricio Silva, Herwig Cleuren. Widening Democracy: Citizens and Participatory Schemes in Brazil. Leiden: Brill, 2009: 203-224.

② BAIOCCHI G. Politicizing the Civic: Participatory Budgeting in Porto Alegre [M] //Patricio Silva, Herwig Cleuren. Widening Democracy: Citizens and Participatory Schemes in Brazil. Leiden: Brill, 2009: 115-137.

101

参与式预算斩断了侍从主义的习惯，也斩断了当地社会运动的传统，它本身，并没有增加公民社会的自主性。所以，当保守的政府从正式制度上再与其做一个明显的分割，参与式预算曾经带来的国家与社会关系缓和的结果就消失了。

三、小结

阿莱格雷港的参与式预算是巴西民主化进程的产物。一方面，它深受制度环境的影响，同时也在地方层次改变了政治生态。这里的参与式预算源自强烈的政治意志，在从下到上的社会运动中扮演重要的推手角色，以确保建立真正意义上为公民赋权的规则。另一方面，参与式预算制度也受制于当地政治环境，为正式制度所扭曲，最终走向衰落。通过这种变化，研究可以有效识别影响参与式预算的因素。

首先，工人党的领导策略和推行的决心是参与式预算出现的关键，其背后的原因又可以分为两部分：一部分是"不得已"的考虑，工人党市长上任后，面对一个自己政党未过半的议会，为了执行政策表达意志，因此创建出"平行权力"来施行市府的权力；另一部分则是社运起家的工人党需要回应长期以来各类抗争诉求，先前，公民参与的渠道并未被制度化，社会运动在权力博弈的过程中有不可忽视的影响力，执政后，工人党迅速将这部分势力吸纳进新的体制内。在这一时期，参与式预算和工人党的全国选票都大幅度增长，相得益彰。转折点在2004年，工人党赢得全国选举而丢掉阿莱格雷港的地方市长，这种矛盾作用到参与式预算上，影响了工人党的决心。在中央层面，为了照顾到更多选民的意志，工人党从激进的左翼逐渐走向与其他政党的合作，同时也不再需要参与式机构所创建的合法性。在地方层面，尽管保守的政党对于已经制度化的参与式预算不能明令废止,但是通过降低参与式预算在市府工作中的地位以及拖延项目的完成,从长期来看仍旧可使参与发生质的改变。

其次,则是资金部分。1988年,巴西新宪法的出台不仅标志了去中心化的发展策略,同时也在财政上给予地方更多的权限,阿莱格雷港作为地方政府,在社会服务体系供给中扮演越来越重要的角色,也有更多的自主性来进行预算方面的改革。在新的宪法框架下,绝大多数的预算权力集中在市长手中,市议会无权就预算总额提出删减意见,而至多只能建议不同预算项目的经费使用,这种体制也被称为"行政独大"(executivismo)。[1] 而随着市长之位的易手,2008年全球金融危机也对巴西产生影响,阿莱格雷港的市政资金大幅度萎缩,因此参与式预算的比重和总额也被一再降低,当脱离了主流预算轨道,参与式预算的意义和影响也随之下降。

最后,也是常常被很多学者忽略的部分,即公民社会的萎缩。一般认为,阿莱格雷港的参与式预算过分依赖工人党的个体意志,但是通过对巴西民主化进程及阿莱格雷港自身社会运动的分析可以看到,公民社会在其中的作用是举足轻重的。阿莱格雷港拥有悠久的社运历史和相对密集的公民社会,活跃着邻里社团、社区俱乐部、宗教组织、慈善组织、工会和各类商业利益组织。然而参与式预算和民主化在给公民社会"正名"的同时也间接伤害了公民社会的自主性。一方面,制度性的参与取代了原先的公民社会自主的动员,巴西地方庇护主义传统下,原先的中介是经由个人网络实现恩惠的互换。有了参与式预算之后这个中介

---

[1] WAMPLER B. A Guide to Participatory Budgeting [M] //ANWAR S. Participatory Budgeting. Washington, DC: The World Bank, 2007: 48.

转移到参与式机构和代表中，嵌入正式制度里，公民社会的活力被削减；另一方面，则是民主化的负面效应，根据在工人党执政初期就为阿莱格雷港市府规划建言的专家评述，20世纪90年代和21世纪初新自由主义给巴西带来的私有化、去管制和经济紧缩政策（austerity），造成发展中的不稳定和不均衡，并且解散了原先的社会安全网络（dismantling of the social security network）。① 因此，尽管社会运动和公民社会曾经推动了参与式预算的兴起，但是在阿莱格雷港参与式预算被叫停的时候，分裂、官僚化和脆弱的公民社会已无力对公共参与提出新的压力。

根据影响阿莱格雷港参与式预算要素的分析，也能了解经由参与式预算创造出来的政治空间的变化过程。根据本研究在理论部分提出的参与式预算社团生活的模型，本研究主要观察的是公民在参与式预算中的角色和定位，以及参与式预算制度和正式政治制度的关联。阿莱格雷港的参与式预算政治空间是流动的，起初，参与式预算代表的选举以及参与式议会的建立是为了对抗一个"不听话"的正式议会，但在传统市议员看来，他们要比预算代表具有更多的代表性，这就造成新的参与式机构和传统势力之间始终存在冲突。但在这一时期，公民社会仍然是活跃和积极的，民间的声音经由制度化的社区会议和主题会议最终被塑造成资金类项目，改善了地方基础设施建设的品质，此时的参与式预算流程尽管和政治制度存在矛盾，但延续了一个激进政治的脉络。随着时间的推移，工人党失去了地方主政的机会，预算代表和参与式议会也形成新的庇护关系，在参与式预算成型的这段时间，公民社会养成了依赖政府的习惯，而再无对抗政府的力量。这种社会组织沦为政府的附庸，是

---

① 研究访谈（巴西参与式预算亲历者），时间：2019-10-21，地点：英国爱丁堡大学，对象：巴西南里奥格兰德州联邦大学教授塔尔森·努内斯（Tarson Nuez）。

参与式民主模型的"诅咒"(curse of the participatory democracy model),政府的议程被强加到大众意愿之上。①

阿莱格雷港的案例也回应了既有研究的一些认知,长期以来,社会运动被政治学者寄予改革社会的厚望,但是已有的研究很少回应社会运动的成果如何制度化。阿莱格雷港的经验显示,社会抗争是可以参与到政治社会的塑造当中,也能够驱动地方政府变得更加包容和开放。但是,社会运动如果想要转化为可持续的治理,比如与行政部门有更多的配合和互动,需要国家行动者(从政治人物到行政官员)和普通公民都有动机去支持、参与、尊重参与式治理的实验,否则这些政策就不可能真正做到赋权和参与性。②

---

① BAIOCCHI G, HELLER P, SILVA M K. Bootstrapping Democracy Transforming Local Governance and Civil Society in Brazil [M]. Redwood: Stanford University Press, 2011: 125.
② ABERS R. Reflections on What Makes Empowered Participatory Governance Happen [M] // FUNG A, WRIGHT E O. Deepening Democracy: Institutional Innovations in Empowered Participatory Governance. London: Verso, 2003: 201.

第四章

纽约：作为发达国家的公民创新

参与式预算发展的第三波浪潮是在北美和其他新兴发展中国家的扩散。在这些地方，预算参与大获好评。一个有趣的问题在于，原本兴起于发展中国家的举措为何也能适应所谓的成熟的民主制度框架。毫无疑问，在地的政治脉络对于任何制度改革都是十分重要的。在这一章里，本研究通过对纽约案例的分析，来观察后起发达国家参与式预算的现状。

第一节 重新发现民主：美国参与式预算

一、公民创新与超越选举民主

美国参与式预算和巴西经验有目标上的分野，不仅是因为两国的社会经济发展有较大的差异，更主要的原因是参与式预算作为一种预算创新工具，所在的政治网络和政治发展阶段有显著的不同。参与式预算在巴西是激进民主的代表，试图重建国家和公民之间的关系，而在美国，参与式预算是作为善治（good governance）日程的一部分。美国的参与式预算呼应了北美长期以来在参与式规划、社区动员方面的实践浪潮，意在实现公民教育，提供小范围协商的平台。

美国公民创新的背景是政府的治理危机与信任危机。很多民意调查显示，美国人对于政府的信任在逐年下降，政治人物和官僚的声誉也持续走低，政治冷漠者（unattached）和独立选民（ordinary independents）的比例也越来越多。① 一些主流的政治学观点认为这种幻想破灭（disillusionment）是可以被理解的行为，是现代理性公民在衡量政治参与的机会成本后做出的明智选择。但是美国民主仍然展现出积极的一面，主要体现在社区动能上，这些扎根在基层的组织容纳了日常的美国公民和非美国公民身份者，促成一些社会性和政治性的参与，建立彼此的横向连接（cross-cutting alliances），在美国民主复兴中扮演了重要角色。其中，美国前总统奥巴马就属于社区类领袖，茶党运动和占领华尔街都受惠于强韧的美国社区自组织能力。

伴随着参与式民主理论的发展，实践中也出现很多公民参与的案例，参与式预算就是在美国广义的公民创新生态和包容性政府治理中的典范。将公民吸纳进更多的政治决策是有难度的，在这一过程中，各式各样的公民创新拓宽了政府职能的边界和服务的有效性，也显示了自身的特色。第一，由于各类社区和组织都采取了多种试验来扩大政府治理的社会性、公共性和民主性，城市成为这些创新集聚的载体。在都会地

---

① DENNIS J. Political Independence in America, III: In Search of Closet Partisans [J]. Political Behavior, 1992, 14 (3): 261-296.

区，城市利用在通信科技领域的优势让政府变得更加电子化和智能化，能更快捷地回复公民的需求，比如，将政府的数据公开上网，这些措施的意义在于政府从与公民社群的互动合作中得到更多的权威和认可，而公民对于政府的信任是来自政府持续的可回应性。[1] 位于郊区的地方也有诸多新颖的举措，总体来说，这些创新都是在地方层面，因为地方城市的规模和人口为普通公民参与政治提供了更多的可及性。

第二，创新主体的多样化。面向经济发展，政府功能和社区建设，呈现一个复杂的生态，创新的主体可以是公民个体，也可以是非政府组织、社区组织、政府自身、私营部门、学术界和慈善部门（philanthropy）。公民创新的有效性往往取决于与社区和政府的连接，在衡量这些试验的标准中，主要判断的是它们能不能解决一个公共问题以及能否代表不同利益主体的需求。创新并不是一帆风顺的，但是美国为公民创新提供了一个鼓励试验的环境。在这方面，由福特基金会资助，哈佛大学肯尼迪政府学院发起的美国地方政府创新奖就是一个代表。从 1995 年开始，地方政府创新奖开始评审和宣传有特色的创新项目，获奖项目可以得到奖金用以在其他地方复制和发展，这就将政府、公民社会组织和学界组织起来，形成一个良性的互动。2015 年，由肯尼迪政府学院艾什中心颁布的政府创新奖给予了纽约市参与式预算项目，以表彰其在公民创新和公民参与领域的出色表现。[2]

第三，超越选举民主，参与式预算源自巴西后威权时代的左翼运动

---

[1] GOLDSMITH S, CRAWFORD S. The Responsive City: Engaging Communities through Data-Smart Governance [M]. San Francisco: Jossey-Bass, 2014: 62.

[2] MARCHAND C. Participatory Budgeting in New York City Named Winner of the Roy and Lila Ash Innovation Award [EB/OL]. HARVARD Kennedy school ASH CENTER, 2015-11-04.

背景，它的"激进化民主"理念深入人心，美国的公民创新同样在寻找选举投票之外的民主行为和表达方式。从参与式预算的激进理念出发，它提供了一个重新塑造国家与社会的机会和可能，即参与式预算可以帮助国家重建合法性，展现国家的有效性、透明性和对资源进行重新分配的能力。① 和其他国家的倡议者一样，巴西参与式预算起初吸引美国的原因在于它代表一种重建民主的方式，即将政府决策制定的过程由少数精英转移到普通民众。但是相对富庶的美国和南美有很多不同，美国有较为完善的基础设施建设，也有多样化的表达方式，因此公民对于新型公共参与的需求可能没有那么强烈，大多数城市居民的日常需求都能被满足，这些背景因素都使得美国的参与式预算有着不同的发展趋势，即去政治化和技术化（depoliticized and technocratic）。

所以，美国推行参与式预算主要基于两方面的原因：其一是作为因政治冷漠和参与不足而从基层兴起各式公民创新手段，参与式预算是连接公民和政府公共资金决策的方式，被各方的行为者所推崇；其二是回应民主发展过程中深化民主以及超越选举民主的要求，主张公民和国家有更多的对话和沟通。正如本研究在理论部分所论述的，初始目标和环境对于参与式预算的发展有重要影响，美国参与式预算的发展也呈现不同的脉络。

二、美国参与式预算的国家特色

作为一项公民创新，启动美国参与式预算的行动者是社会组织和特

---

① GOLDFRANK B. Lessons from Latin America's Experience in Participatory Budgeting [M] //ANWAR S. Participatory Budgeting. Washington, DC: The World Bank, 2007: 91-121.

定的民选官员，社会组织持续在参与式预算的发展中扮演重要的角色。参与式预算首次进入美国是在2009年，时任芝加哥议员（Alderman）的乔·摩尔（Joe Moore）宣布从他的议员分配款中拿出100万美元供居民讨论使用，这种做法随后被引入纽约、波士顿、瓦列霍等地，全美现在有50多个参与式预算项目，还在逐年扩展。美国的参与式预算是全球参与式预算大家庭中的重要一分子，它特别强调参与、协商、对决策直接的介入（direct involvement）和社会公正。①

摩尔议员的做法是受到当时参与式预算扩散风潮的影响，在巴西召开的社会公正论坛上，两位美国学者乔什·勒纳（Josh Lerner）和米歇尔·门塞尔（Michael Menser）接触并认同参与式预算的理念。他们也希望将这一项目带回到北美，于是回国创办了名叫"参与式预算计划"（Participatory Budgeting Project，PBP）的社会组织，旨在向全美和加拿大推广参与式预算，并为参与式预算提供策划、培训和技术支持。2007年，在亚特兰大召开的全美社会公正论坛（U. S Social Forum）中，参与式预算计划组织了一场工作坊，向与会人员介绍参与式预算的概念和做法。摩尔议员参与了这次会议，并且意识到自己手中的议员分配款可以用来支持这一项目，② 回到芝加哥后，摩尔议员便与参与式预算计划开始了筹备工作。

任何治理民主实验都不是平白无故产生的，美国的政治生态中，选举产生的官员是政治创新过程中的引擎，因为民选议员有较强的能动性。摩尔议员能开先河是基于芝加哥市的基本政治框架，从1994年开

---

① WAMPLER B. Participatory Budgeting: Core principles and Key Impacts [J]. Journal of Deliberative Democracy, 2012, 8 (2): Article 12.
② LERNER J. Everyone Counts: Could "Participatory Budgeting" Change Democracy? [M]. Ithaca NY: Cornell University Press, 2014: 14-20 (eBooks).

始，芝加哥的议员每年享有支配130万美元的"菜单"资金（menu money），可用于基础设施的建设，设置议员分配款的初始目的是降低当地的腐败状况。参与式预算计划帮助摩尔选区工作室建立一个督导委员会，负责参与式预算的各个流程，大致有四个阶段，即邻里会议（neighborhood assemblies）、社区代表会议（community representative meetings）、投票（voting assemblies）、实施和监督（implementation and monitoring），这也给美国参与式预算奠定了基本框架。参与式预算鼓励当地的居民参加到预算的决策中来，也给民选官员的工作带来便利，让他们不仅了解特定社区的需求，也能够准确获知如何去满足居民的需求。在经历四轮的实验后，2013年由当时的市长拉姆·伊曼纽尔（Rahm Emanuel）组建了一个城市层级的团队，来支持芝加哥参与式预算的发展，希望为每个有意向进行这个项目的议员提供技术性的支持。[①] 但是很多议员仍处于观望的状态，一来是整个流程耗费的时间和精力太多，二来较低的投票率也反映居民的热情问题，因此一直没有扩散开来。在2019年的地方选举中，摩尔议员更是丢掉了自己的职位，所以，芝加哥尽管作为美国参与式预算的首创之地，它的发展远远落后于后来实施的城市，比如，纽约。

作为一种政府制定政策的依据，从坎布里奇市到三藩市到圣路易斯市，美国的参与式预算稳步推进。美国西部参与式预算发展的一大推进是在瓦列霍市（Vallejo），和美国东西部的大城市不同，瓦列霍市的种族和居民收入差距很大，它位于伯克利市和纳帕市之间，是有记录在案的美国申请破产的最大的城市。瓦列霍市直到2011年才完全摆脱破产

---

① Mayor Rahm Emanuel Announces New Support to Aldermen Who Use Participatory Budgeting for Local Investments ［EB/OL］. Mayor's Press Office (Chicago)，2013-10-23.

的局面，因为在这一年居民通过了一项销售税增长的票选项目。① 于是在2012年，在一位了解参与式预算的议员马蒂·布朗（Marti Brown）的施压下，市议会拿出300万美元的资金投入参与式预算，因此瓦列霍市也一跃成为全美第一个进行市级参与式预算的城市。但是参与式预算也并非一帆风顺，瓦列霍市的时任市长奥斯比·戴维斯（Osby Davis）就提出过反对声音，认为"眼下，不是进行创新的时刻"②。这也是因为，参与式预算在美国打通了政府和公民沟通的要点，让政客和工作人员需要花更多的时间和公民进行沟通，目标在此，阻力也源自此。为了克服官僚体制的惰性，激进的社会运动和社会组织不断地施压。以"黑人的命也是命"（Black Lives Matter）运动为例，超过50多个与之相关联社会组织号召在地方、州以及联邦实行参与式预算。因为参与式预算的做法与运动的设想非常一致，即包括黑人在内的社会边缘人群可以在学校、地方预算、经济、政府机构和土地使用中拥有政治影响力，很多运动中的政治人物也承诺一旦当选将在自己的区域内实行参与式预算。

三、让民主有趣起来

对于美国来说，已经有足够健全的选举民主和法制体系，参与式预算借助既有的制度环境引导民主由下而上进一步深化。和观察和评估选举制度时标准类似，考察参与式预算同样关注制度本身能在多大程度上

---

① 关于瓦列霍市的前情背景可见 JESSICA A. Vallejo Approves Public Budgeting Process for Portion of New Sales Tax Revenue ［EB/OL］. Vallejo Times-Herald, 2012-04-19.
② COWAN C. After Bankruptcy, California City Experiments with Letting Voters Make Budget Decisions ［EB/OL］. Fox News, 2012-11-12.

将民意转化为政治输入,即广泛的公民意见最终如何进入政治议程,不同的是,参与式预算同样关注民意的形成过程并把其视为民主的实践。美国有浓厚的公民实践的传统,同时也面临移民和边缘人口的压力,参与式预算是大量参与实践和直接民主中的一个策略和手段,用来为美国的公民社会重新注入活力。

从秘鲁和其他一些失败的案例显示,参与式预算的制度设计不一定是包容和变革的,只有当参与式预算吸纳更多的穷人和原本被排挤在政治制度之外的人,才能最大限度变革既有的权力关系。美国的参与式预算主要通过以下四方面来清除参与中的障碍:

首先,在参与式预算的项目主体设置上,从理论角度来说,参与式预算可以用于解决任意一项公共资金的使用问题,比如,营建商品房和城市地标,但是美国参与式预算基本都是用在公众都能享用的廉租房、学校和公园娱乐设施上面。在芝加哥,议员130万美元的分配款只能用于很紧迫的事务,各个社区在一起讨论的时候,富庶区域的提案常会被搁置,资金优先给予低收入和边缘人群,根据历年以来的统计,参与式预算的优胜项目都是公立学校和公共住房项目居多。

其次,在对社区领袖的培养上,让他们来带动弱势群体的参与是美国参与式预算的一大特色。一般情况下,政府官员和工作人员制定规则和流程,社区成员至多有权利去修订章程,很少有机会从头介入。而理想的参与式预算是要去重塑政府的过程,公民应当被赋予制定规则的权利,特别是想要吸纳那些制度外的声音时,这部分信息应当被考虑进来。因此无论是在纽约还是芝加哥,在设立规则制定机构的督导委员会时都考虑到成员最大的广泛性。芝加哥的督导委员会中有来自各地区的社会组织和志愿者;在纽约,督导委员会特地邀请了在善治、教育和社区赋能方面的代表一同加入流程的设置,后来因为加入的选区越来越多,还搭建了选区委员会的平台供大家商讨行为规范。这种多层级、多角色的政策制定体系对于发掘社区的能人大有裨益,这些能人在本社区有较强的领导力,往往要依靠他们来组织会议并辅助预算代表的工作。而当年度参与式预算结束之时,也会有一系列的工作坊供参与者来回顾过程中的不足以及可以改进的地方,这些建议也会被实时反馈给市议会。社区的领袖在其中感受到被赋权,并将这种权力意识传递到个体公民,他们不仅参与到预算的决定中来,也更加关心公共生活,关心选区办公室的其他工作和本地社会组织的工作,参与式预算更像是一个入门的政治生活平台,公民和社区领袖可以从这一道门进驻更广阔的公共事务中。

再次,则是为了可持续性发展目标,参与式预算发展至今,都面临一个参与的瓶颈问题,而美国作为后来才实践参与式预算的国家,一开始就很重视这个问题。为了吸引不同的人来参加,"让民主有趣起来",参与式预算结合了很多游戏和文化活动让参与者乐在其中。同时为了降低参与的门槛,采取了诸多举措,一般来说,低收入人群是乘坐公共交通的常客,社区活动会安置在不同公共交通的枢纽,这样能更好地便利他们参加。美国参与式预算也非常注重青年和老年人的意见,邻里会议和投票日期都分散在不同的时刻,特别是晚上和周末更加符合这部分人的需求。作为一个移民国家,语言翻译也是必备的,能更好地动员多族群参与进来。美国参与式预算的指导手册和宣传片也尽可能做到通俗易懂,在展示环节,预算代表和民众会以各种形式装点自己的项目,参与式预算的投票点还常常设在博物馆、图书馆等民众喜闻乐见的地方。

最后,也是美国参与式预算一大初衷,即如何动员到那些代表性

(underrepresented)不足的人群。因为即便消除所有的参与门槛,边缘的民众还是需要"邀请函"来参加,因此各个城市一再动员低收入、有色人群和移民,市议会和志愿者利用竞选时常采用的一些手段,比如,上户、传单发放和与当地组织沟通。从统计结果上来看,根据纽约市2015年对投票结果的统计分析,参与投票的人中23%是没有正式选举权的人,12%未满18周岁,10%不是美国公民;投票人中57%是有色人种,而44%投票者年收入在5万美元以下。[①]

在全世界,参与式预算都更中意于左翼的政治背景中,美国也不例外。美国是事实上的两党政治,总统大选和中期选举也一再证明了这套制度的稳定性,但是两党在各方面又呈现出"不对称极化"(asymmetrical polarization)的倾向。在芝加哥、纽约、波士顿、西雅图、波特兰等东西部大城市中,民主党在政治生活中拥有主导性地位。在这些城市中,地方选举竞争通常在初选阶段比较激烈,因为作为民主党的候选人,要极力证明自己和党内其他人的不同。参与式预算更容易在这些地方得到政客的青睐,因为其可以为竞选者拓宽自己的票源,与选民建立更多的连接。美国参与式预算倾向于以议员为单位,也是因为在一个选区中,议员掌握了最高的行政和决策权力,其中就包括议员分配款。更进一步来说,美国地方采取的是单一选举制度,也就是说一个选区只有一位议员,因此议员在是否采用参与式预算并采取何种形式有较大的自主权,而在其他国家,比如,巴西市议员的产生是基于城市的基本盘,因此不存在这种强烈的个人意志。最后,这种情形与美国当下的政治也有关联,从联邦到州层级再到市一级的分权,最终权力下放到

[①] 项皓. 赋权与参与的新探索:美国纽约市参与式预算[J]. 新视野,2018(2):122-128.

与公民关系最密切的市议会中。总结来看,在界定美国参与式预算背后的政党因素时,左翼的色彩在一些城市并不明显,是弱于巴西的,但是在另一些城市,仍然是处在民主党掌控的区域内,因此美国参与式预算没有完全摆脱正式制度的限制。

第二节 城市脉络:纽约市参与式预算

一、兴起:革命性公民在行动

纽约市是美国人口最多的城市,大约有880万人,也是世界最大的城市之一。纽约市位于美国东北部,濒临大西洋,纽约港也是世界最大的天然港口之一。作为国际大都市,纽约是美国语言和人口族群最多样的城市,同时拥有大批移民和非美国国籍的人。参与式预算在历经20多年的发展后于2011年在纽约落地,目前,纽约市参与式预算是北美规模最大、发展最快的项目,被纽约时报称为"革命性公民在行动"(revolutionary civics in action)。[①] 参与式预算来到纽约也是各种因素综合的结果,最主要的是民间社会的推动,其中,扮演核心角色的是在第一节中提及的"参与式预算计划"的社会组织。

2010年,"参与式预算计划"的社会组织联合当地的社区类组织"社区之声"(Community Voices Heard)在纽约市内举办了三场公开的

[①] Participatory Budgeting in New York City: Finalist Presentation [EB/OL]. HARVARD Kennedy School ASH CENTER, 2015-05-12.

<<< 第四章 纽约：作为发达国家的公民创新

活动，并邀请了议会中比较关注社区赋能的议员参加。2011年3月，市议会中进步派党团（Council's Progressive Caucus）的三位民主党派的议员布拉德·兰德（Brad Lander）、朱马娜·威廉姆斯（Jumaane D. Williams）、梅丽萨·维凡立多（Melissa Mark-Viverito）和一位共和党议员艾瑞克·乌尔里奇（Eric Ulrich）决定在本选区内尝试进行参与式预算试验。他们认为，这是将预算权直接给予民众的好方式，不仅能让第二年的预算决策变得更加民主，而且更加有效，因为选区内人民对自己的需求有最大的发言权。① 在第一年的试点中，四位议员各在选区中拿出100万美元的议员分配款进行参与式预算，得到公众的好评。随后的几年中有更多的议员选区复制这一做法，从2011年到2019年，纽约市已经进行了八轮参与式预算，共计有超过十几万居民通过投票的形式决定了超过几千万美元公共支出的使用。根据纽约市参与式预算行动指南，② 推动参与式预算的目标在于打开政府"黑箱"、扩大公共参与、发掘新的社区领袖、让公共资金花费更加公正，这些目标定义了实施的细节操作。可以看出，纽约市参与式预算与阿莱格雷港的目标有很大不同，除了社会公正这一要义，非常关注参与本身，即参与群体的扩大和参与深度的延展，最终要让政府变得更加透明。基于这些目标，纽约市参与式预算的原则包括赋权、透明、包容、平等和社区。

从具体操作上来看，目前纽约市共有51个选区，每个选区选举产生一位市议员，无论面积大小还是人口数量，各选区划分都较一致。就

---

① Press release: Council members and Community Allies Announce Groundbreaking, Democratic Budgeting Initiative [EB/OL]. readMedia, 2011-09-14.
② 纽约市议会每年会在年度参与式预算计划启动之初颁布操作手册，最新一版可见：http://council.nyc.gov/pb/wp-content/uploads/sites/58/2019/10/PBNYC-Cycle-9-Rulebook-2019-2020.pdf.

参与式预算的制度比较 >>>

目前的数字来看,每个选区大约有 160710 名常住民,他们是纽约市参与式预算的参与者和受益者。纽约市参与式预算资金不需要经议会审批,按照规定,纽约市选举出来的每位市议员都拥有一笔自由支配的资金。目前每名议员每人每年拥有 500 万美元的预算决定权,这 500 万美元分为经常性支出(expense fund)和大项目资本支出(capital fund)[①],议员本人自行决定是否拿出这部分资金,资金使用去向也由议员自行决定,政府不得干预。

从 2011 年到 2018 年,纽约市参与式预算都是属于纽约市议会内的改革,议员可以选择做或不做参与式预算,到了 2018 年,经过八轮的试验,纽约市参与式预算已形成自己的规模,但同时也面临一些问题。首先是仍有部分选区的议员处于观望状态,因此参与式预算无法在规模上拓宽。同时,因为并非全市层面的项目,尽管市议会对于如何做参与式预算有一系列的指导手册(rulebook),但是各选区内部的规则以及每年的做法都有差异,因此,参与式预算需要从一项公民创新(civic experiment)转化为政府的日常规范(routinized practice)。

因此,在 2018 年,"参与式预算计划"和其他公共参与的团体向纽约市宪章修订委员会提交了关于建立公共参与委员会(Civic Engagement Commission)的宪章修订案,旨在加强公共参与和选举以外的民主程序,这项公共参与委员会成立的第一项工作就是要在全市范围内实行参与式预算项目,并且由市长负责。凸显市长的作用主要和现任市长白思豪(Mayor de Blasio)有关,他在 2014 年竞选时就将"参与式预算"

[①] 在 2016 年田野访问中,我将这部分分配款翻译为劳务类资金和基建类资金,在 2019 年回访中得到曾在纽约市预算局工作的罗宇翔的介绍,遂采取他的翻译,日常性支出指的是用在公务员工资、教育、安保等方面的日常开销。大项目资本支出则是指用于道路、公园和桥梁等工程建设的一次性投资。

作为自己的政纲之一，在2018年他又向纽约市每所公立高中学校追加了2000美元供学生来决定预算的使用。① 这样改革的目的一是拓宽参与式预算的使用边界，超越选区之外建立城市层级的项目；二是增加资金的使用，照顾到目前尚没有加入参与式预算的选民。纽约市参与式预算的这种流变体现了与正式制度的结合以及选举制度下的政治考量。首先，市长白思豪赢得了2014年选举，至少保障了参与式预算未来几年的生命力；其次，无论是市议会还是市长的支持，尽管预算部分使用的是小额补助花费，但并非在政治系统的边缘进行，而是从一开始就贴近主流政治人物；最后，则是通过几年的试点运行，及时地通过公民团体拟定宪章的修订案，希望从根本上确立参与式预算在纽约市政治架构的地位，也将流程正式纳入决策制定的架构中，得到稳定的补助和强有力的行政与政治支持，使得参与式预算在未来发展不会落入结构性的劣势。

于是在2018年的中期选举中，纽约市居民以压倒性的支持率通过了票选决议（ballot measure），即要在全市范围内建立一个独立的公共参与委员会，并将参与式预算项目覆盖到全市，同时建立市一级的项目。这样，最早在2020年，纽约市全市将不分选区地投入参与式预算，惠及所有的居民。2018—2019年度纽约市的参与式预算计划吸引32位市议员在本选区内进行提案和投票，而根据此次公投结果，未来纽约市51个选区都将在这一公共参与委员会的领导下为社区项目提出建议。尽管具体的实施方案还在酝酿当中，但这一提案的通过将直接把美国参与式预算的规模（按人口计）翻一倍，也是美国参与式民主发展的重

---

① LERNER J. Mayor Launches Participatory Budgeting in All NYC High Schools [EB/OL]. Participatory Budgeting Project, 2018-02-14.

要事件。

由此，参与式预算从试点项目成为市级的公共政策，并由新成立的公共参与委员会这一机构确定下来。这一过程中，体现了它作为一个治理体系中的次级制度到与正式制度的融合，而最终目标的达成是通过对纽约市宪章的修订来完成的。纽约市参与式预算最大限度地动员民众，同时也将资金使用倾斜到资源弱势的社区和群体，有参与式预算投票权的人口的 1/4 都是在正式选举中没有投票权的居民，得到民众广泛的支持，那么，纽约市参与式预算是如何进行的呢？其中，各行动者的任务和在其中扮演的角色又是如何呢？

二、纽约市参与式预算的架构

纽约是全美国最能花钱的城市，纽约一个市的政府预算超过佛罗里达一个州的预算。纽约又是人口组成极为复杂的城市，作为进步派的大本营，纽约推动参与式预算有清晰的脉络，即要为那些处在社会经济政治弱势的群体提供一个参与政治的渠道，是针对弱者的赋权行为。同时，纽约市也通过启动参与式预算为社会组织开辟新的发展空间，最终促成一个良性的循环。中期选举中的公投提案也是几年以来各个活跃在参与式预算过程中行动者的共同提议，他们通过参与政府的沟通加强公民社会的力量，转而又通过新的制度化渠道介入政府新的决策中，由赋权最终达至平权政治的理想。

根据纽约市议会的安排，以最新一年即 2019—2020 年参与式预算的日程为例，纽约市参与式预算的架构如图 4-1 所示：

<<< 第四章 纽约：作为发达国家的公民创新

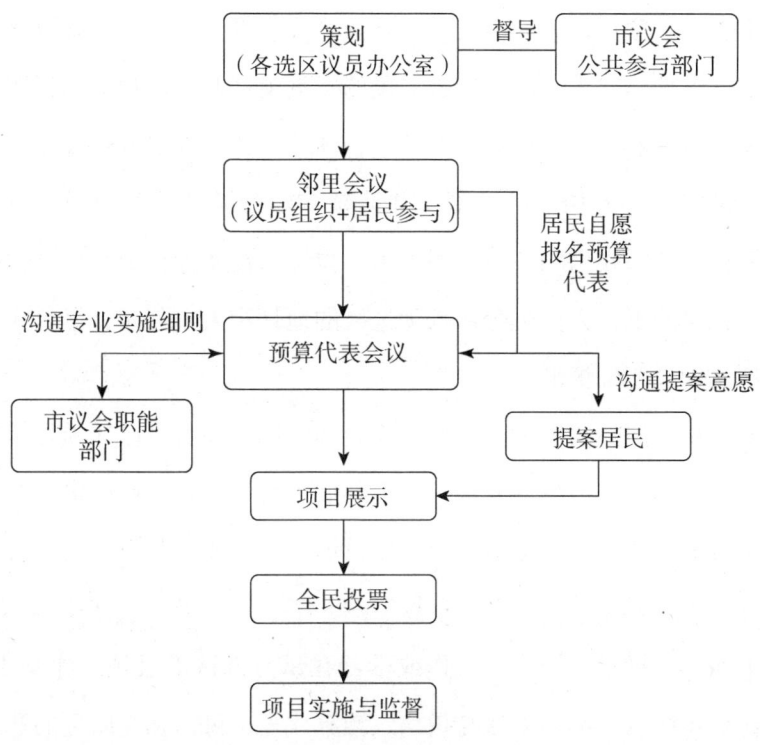

图 4-1 纽约市参与式预算架构

具体来看，第一步，通过各种形式的头脑风暴广泛收集居民的意见，包括线上的意见图、招募预算代表、组织邻里会议。具体的做法上，至少要安排四场特别的主题邻里会议给代表性不足的群体，如青年人、母语非英文者、老年人和廉租房住户等，志愿者和议员办公室的工作人员负责向听众解说参与式预算的流程并主持会议。任何人都可以自愿来当预算代表，那些工作居住在试点选区的人，或在试点选区内有产业或自己的孩子就读于试点选区都符合条件。为了吸引更多的人来参与活动，议员办公室还可以为前来听会的人提供食品、幼托或一定的交通补助和翻译服务，最大限度降低人们参与的成本。

第二步，预算代表的会议。所有预算代表都要参加培训并签署相关的协议，由预算代表志愿者基于居民的意见辅助并形成相应的提案，交由市议会市政府各部门对初选方案进行评估，并反馈修改建议。每个预算代表都应当加入相应的委员会并认领专门的领域，如交通、公共安全、教育、公园娱乐和环境、图书馆、住房，在此过程中，预算代表和议员办公室的工作人员也会兼顾到选区的地理和人口分布，尽量将提案细化到比较公正的情形。

第三步，项目的展示。由预算代表和居民一起将自己的项目做成一个展板，每个选区至少要安排一场现场展示会，并将这些提案公布在网上供所有人去浏览。一般情况下，项目展示环节通常与投票阶段时间上相连。

第四步，投票。居住、工作或学习在试点选区的公民，年满11周岁或在六年级以上都可以参与投票，预算代表也可以在其服务的选区内投票。公民在投票时需出示相关的证明文件并签署保障书，每位公民只能投一次票。在投票阶段，每个选区至少要设置六个投票点，组织两场以上的大型投票活动，同时票面会被翻译成四种语言以供选区内的居民识别。

第五步，确定胜选项目。政府向选出来的项目投资营建，议员、居民和社会组织共同负责监督。如果投票结果超出事先的分配款一小部分，那么本选区议员将负责解决这一问题，方法或者是向区长申请部分资金或是顺延同时资助的两个项目，市议会也会统筹负责解决这部分超出资金的分配问题。

纽约市参与式预算涉及了各类行动者，包括议长、议员、议会工作人员、居民等，他们各自扮演的角色及担负的责任不同，具体来说，主

第四章 纽约：作为发达国家的公民创新

要有以下几个部分：

纽约市议员，在纽约市参与式预算尚未推广到全市之前，由于使用的资金是各位议员的个人分配款，是议员的自主选择。如果决定加入参与式预算项目，意味着要分享部分的预算决定权，纽约市议员任期四年，只可以连任一次，为了争取大多数人的选票，议员通常会非常愿意与选区内居民合作解决问题。议员办公室还会配备相关的工作人员和志愿者，他们是具体负责在本选区内筹备参与式预算的实际执行者，到了2018年，几乎每个选区都有一位或多位职员来专门负责这一领域，他们也是议员办公室和市议会对接的桥梁，需要定期去市议会进行公共参与方面的培训。

纽约市议长与市议会，纽约市前市议长梅丽萨在推广参与式预算方面起了关键性的作用，她是最早在本选区内做参与式预算的议员之一，就任议长后，她也开始说服议会相关的同僚一同行动。在她任期内，议长办公室负责纽约市各选区参与式预算工作的部署和协调，议长办公室内成立"中央办公室"，是项目整体流程和规则的规划者。为市议会提供咨询和专家意见的是督导委员会（steering committee），它的组成人员包括市议会的工作人员，也包括公民社会组织代表、社区代表和学者专家，是"大脑"的智囊团。现任议长张晟（Corey Johnson）上任后，也重点推广参与式预算，他在市议会内成立公共参与部门，分派专门的工作人员负责统筹参与式预算，代替督导委员会的职责。纽约市宪章的修订也是在市议会的框架内，因此，市议会是纽约市参与式预算的总"大脑"。

纽约市没有选举产生的预算议员，但是有作为预算代表的志愿者，他们承担了诸多包括宣传与动员、收集以及和达成正式提案等重要的任

123

务。这些志愿者通常出于自发的兴趣加入,并定期接受相关的专业培训,多数志愿者都是来自关心社区发展的工薪阶层,他们也积极投入其他公共事务,这种兼职的身份使得他们在本社区内有较为丰富的动员经验和人际交往资本,因此是各选区议员办公室推行参与式预算的得力助手。在投票的前一天,各选区一般都会筹备相应的投票展示日,这一天,预算代表会和自己提案的居民一道,布置相关的展板并向前来了解的居民介绍自己的项目。

纽约市参与式生态系统中最重要的一环仍旧要属公民社会,纽约在地蓬勃的社会组织为参与式预算的良性发展奠定出色的基础。首先,将参与式预算概念引入纽约的就是之前提及的参与式预算计划和"社区之声","社区之声"是社区类领导者的非营利组织,它致力于保障妇女、有色人种和低收入人群获得平等的社会和经济地位,他们工作的主要方式是通过连接政府和社区的资源创造就业、更好地配置公租房以及培育社区领袖。"社区之声"加入参与式预算的目的是想解决收入不平等问题,他们希望利用预算类项目为低收入的社群完善公共建设和社区服务。类似"社区之声"的非营利组织的身影在各个选区内都能看到,他们往往比政府和"参与式预算项目"等机构更能了解本地的需求。另一家值得关注的组织是"公共日程"(Public Agenda),作为一家总部位于纽约的全国性、无党派、非营利的研究和公共参与组织,他们的目标是巩固民主的发展,特别是基层的政治动员。在参与式预算项目中,他们直接与纽约市城市公正中心(Urban Justice Center)对接,使用民意数据和资料对纽约市参与式预算的过程做即时的统计和评估,并给出之后发展的政策意见。作为一个现代化的大都市,纽约的特殊性还体现在极大的包容性与高效的数字化水平上,纽约市参与式预算的科技化水平逐年进步，主要依赖于一家叫作"民主 2.1"（Democracy 2.1）的非营利组织。在纽约市参与式预算中，他们设计了线上投票系统以及多个网络平台，帮助市民参与到注册、提案和投票的过程中，"民主 2.1"也是受雇于纽约市议会的点票机构。这些组织以外，还有大批形形色色的社会团体，他们或是作为参与式预算项目的策划者或是利用自己的在地资源帮助参与式预算更好地融合进社区，或是借助自己的专业优势让整个过程变得更加便捷与高效。而这个互动系统的建立，离不开市议会和市政府创造出的讨论与行动的空间，市议会还配备有相关资金"奖励"这些社会组织在参与式预算中的作用，社会组织的参与成为纽约市参与式预算一道亮丽的风景线。

三、纽约市参与式预算的推进："新公民"的加入

在归纳了纽约市参与式预算的整体流程和社会组织的角色后，不难发现，正式的政府架构为参与式预算提供了制度性的发展空间，而预测参与式预算是否能够有效延续的另一条标准是公民的角色。本研究认为纽约市参与式预算仍在深入发展，不仅在于其规模的扩大，在深度上，也吸纳了广大"新公民"。纽约市参与式预算从制度设计上给予非公民身份等弱势群体很多倾斜，那在实际状况中这些人是否得到赋权呢？

通过对纽约市参与式预算大量邻里会议以及预算代表会议的观察，学者将参与的人员分为三个主要的类别，即"常客"（usual suspects）、"积极公民"（active citizens）和"新公民"（new citizens）。其中，"常客"指的是那一类已经加入社区公共组织，如社区理事会、租户协会等的公民；"积极公民"指的是对参与公共生活持开放态度的人；而

"新公民"则是指通过参与式预算第一次迈入公共生活领域中的人。[1]许多有关公共参与的实践,包括参与式预算,都受制于社会选择的问题,教育程度、收入水平以及性别因素等与公民参与高度相关,也就是说那些参与的人相对于社会总体来说通常是更富有的人和受到良好教育的专业人士。[2] 因此,赋权式的公共参与就是要将受众扩大到常客之外,增进流程的民主创新程度。纽约市参与式预算的设计,就是在各个环节上扩展三类公民的参与,同时各类公民参与身份也是在流动转变之中,这就形成一个动态的关系。之前,这三类公民可能从未有过直接的互动或密切合作,如今在参与式预算的平台里共同制定重要的决策。

在本研究的访谈中,大部分所谓的"常客"或"积极公民"在参与式预算之前都有其他渠道加入公共社区生活中,比如,家长会(PTA)或街区会议,他们在既有的公共生活网络中有更大的可能性接触到选区办公室或其他社区民众。而对于"新公民"而言,他们可能是被积极公民或常客鼓励到参与式预算中,这也可能是他们在选举之外第一次参加公共生活。因此,参与式预算面临的一个挑战在于如何在同一套过程中去协调三种不同类型公民的参与需求,比如,时间和自愿性。举例而言,耗费时间最短的投票行为通常能够最大限度吸引到新公民,而预算代表群体则有更高比例的常客,举办在工作日晚间的邻里会议则会有较多年长者的加入,这些都显示出公民日常生活的经验对于参与多样性的影响。在与2018—2019年度纽约第四选区的预算代表的访谈中,他提及:

---

[1] GILMAN H R. Democracy Reinvented: Participatory Budgeting and Civic Innovation in America [M]. Washington, D. C.: Brooking Institution Press, 2016: 73.
[2] FUNG A. Survey Article: Recipes for Public Spheres: Eight Institutional Design Choices and Their Consequences [J]. Journal of Political Philosophy. 2003, 11 (3): 338-367.

<<< 第四章　纽约：作为发达国家的公民创新

（问）：你为什么要当预算代表？

预算代表：我来当预算代表是因为我本身对这个项目很感兴趣，我也有时间和其他人来共同做这个展示。

（问）：那你们小组的其他成员今晚也在现场吗？

预算代表：他们没有时间来，我白天在时代广场那边上班，晚上过来这里（访谈者注：切尔西高地地区）很方便，因此今天由我负责向大家展示，但是这个展板是我们共同来做的。

（问）：平时你们商讨项目时提案人都会在吗？

预算代表：我会在，我和大家约时间，尽量选大家都有空的时间段。

（问）：这是您第一次做预算代表吗，之前您有参与过这个流程吗？

预算代表：今年是我第一次做志愿者，但前几年我参加过邻里会议，我也是慢慢熟悉这个过程的，所以今年我们小组的人也会带没有经验的人，让更多的人了解我们社区的项目。[①]

这场访谈发生在投票日前夕的"早鸟投票与展示"（Early Voting & Project Exposion）上，这名访谈人作为预算代表，是金融行业的从业人员，对公共事务持开放的态度，是一位典型的积极公民。他通过之前对参与式预算的接触，逐渐变成专家，并在今年报名参与了预算代表工作，他也有较为充足的业余时间来参与会议。这位预算代表的提案是关于哈德逊公园公共图书馆的问题，包括要让图书馆内所有的公共厕所都改建为对残障人士友善的装置。在当晚的活动中，和他一起的项目提案人因为工作原因等未能出席在现场，但现场却来了很多他自己工作中的

---

① 研究访谈（议长选区投票展示），时间：2019-03-29，地点：纽约市第四选区 HudsonGuild，访谈对象：预算代表 Paul Davis。

同事和辖区内的朋友，相当于变项"拉票"，这些人当中很多是第一次了解参与式预算，是"新公民"。纽约市的预算代表并不是由选举产生的，也就是说，志愿者在理论上并不是选区的"代表"而只是热心的公益人士，因此在个体利益（individual interest）和公众委托（public trusteeship）的张力当中，志愿者更有可能倾向于关心对自己切身利益有关系的话题而不是代表整个选区的利益。又例如，在对纽约市第七选区办公室负责参与式预算的工作人员的访谈中，因为第七选区是一个非常狭长的地带，地域之间经济发展和人群的族群分布差异巨大，在被问到参与式预算提出的项目是否能照顾到所有选区的利益时，受访者回答：

我们的宣传单和告示是普遍张贴的，邻里会议也在各个地方召开。但是我很明确地跟你讲，96街（访谈者注：96街区仍属于曼哈顿上西区的延伸区域，经济富庶）和145街（访谈者注：145街区主要是墨西哥裔的居住区，很多人靠食品券维持日常开销）的人关注度就是不一样，所以我们的项目也基本都集中在北面这一部分，在遛狗道和住房之间我们没办法面面俱到。①

通过这样的解释，本研究注意到，在纽约市参与式预算中，是不太强调"代表性参与"的，它更致力于之前被边缘化的弱势群体加入进来，而连接这些群体和政府之间的预算代表，他们也能够完全自主做决定，而不必考虑其他规范，这种做法是典型的赋权行为。

---

① 研究访谈（纽约市第七选区议员办公室投票日访谈），时间：2019-04-04，地点：纽约市第七选区 Mark Levine 办公室，访谈对象：议员办公室公共参与事务主管 Kyshia。

第三节 后来居上：从试点到正式制度

迄今为止，纽约市拥有北美最大规模的参与式预算项目，在前面的两节中，本研究详述了美国参与式预算的由来，以及其是如何从芝加哥扩散到纽约和其他等地。纽约市是美国城市政治中最为"进步"的城市之一，在保障弱势群体方面出台了诸多政策，参与式预算在这里落地，从试点项目（pilot project）开始，最终成为影响全市人民的公共政策。那么纽约市特殊的历史和权力结构是如何影响参与式预算的发展呢，本研究将从纽约市的政府架构，来解释参与式预算在这个城市所带来的改变，而这种影响又是如何和正式制度融洽地结合在一起的。

一、纽约市议会与议员分配款

参与式预算当中，"预算"的概念有决定性的影响，公民参与最终是会落实到政府公共机会的"钱袋子"中，而这种预算的来源则可能有多种形式，其中纽约市参与式预算目前使用的就是议员的分配款。市议长和市议员作为启动参与式预算的关键人物，是由纽约市议会的地位和权力来决定的。

在詹姆斯·司瓦亚的研究中，长期以来，纽约市的权力架构是一种强市长弱议会（strong mayor-weak council）的体系，市长相对于市议员而言拥有压倒性的预算决定权力。① 具体来说，从20世纪初开始，纽约市主要权力是由一个"评议委员会"（board of estimate）决定，评议委员会中有八名民选官员，即市长、主计长、市议长、区长（5人）。评议委员会掌控了政府的预算和土地使用权（land use）。这样的设置本来是为了平衡纽约市五个行政区之间的关系，但是纽约市五个行政区之间的居民差距太大，而各自的区长在评议委员会中的权力是相当的，因此美国最高法院大法官在1989年通过《评议委员会诉莫里斯》案（Board of Estimate vs Morris），认定纽约市违宪，判决书中认为：

  因为纽约各行政区的人口差别很大，但每个行政区在评议委员会中的权力比重是相等的，所以老委员会的权力结构违反了美国宪法第14条中"一人一票"（one man, one vote）的原则。②

在此之后，纽约市不得不修订宪章，重新定义政府权力分配方式，而其中最重要的做法就是彻底取消之前的评议委员会，将评议委员会的权力重新设计分配到政府其他部门。其次是选择增强市议会的权力，市议会的成员由各选区的选民选出，是民意的充分代表，因此修宪将全市重要公共政策的决议职能集中到了市议会，其中最重要的是土地的使用规划，包括土地更改（zoning changes）、住房和都市更新以及社区发展。③

这次改革还涉及对于纽约市59个社区委员会（community board）工作的定义，社区委员会的职责是提升纽约市居民的生活质量，它由

---

① SVARA J H. Official Leadership in the City：Patterns of Conflict and Cooperation ［M］. Oxford：Oxford University Press，1990：184.
② 关于此案诉讼双方的辩论及判决可详见 Westlaw 数据库中 Board of Estimate vs Morris 词条。
③ New York City Council. About the Council ［EB/OL］. NYC council gov，2022-01-20.

50 名受区长或市议员提名的本地区的志愿者组成，负责协调社区内的公共事务。1989 年，调整后的宪章也赋予社区委员会每年召开一次预算会议的职能，但是由于没有其他机构以及配套措施的支撑，有些预算会议形同虚设（pro forma）。① 不仅如此，社区委员会也逐渐偏离了设置之初的目的，1989 年的改革本来是要增加社区委员会的代表性，但是到了 90 年代中期，委员会的成员几乎都是由民选官员任命而不是由社区内居民投票选出来的，有人对此批评说，"特别是在种族多样化的社区中，他们（社区委员会）看起来根本不像纽约市！②"在这种发展对比下，市议会则慢慢成为代表性最充足的民选机构，社区委员会的预算会议尽管未能发挥作用，却成为日后参与式预算邻里会议的雏形和参考。

作为议员主导型的参与式预算，在 2011 年试点时只有 4 个议员参与，到了 2014 年则扩展到了 24 个选区，而到了 2018 年则有 32 个选区，这也与纽约市议会不断改革，对议员分配款的界定和使用越来越明晰有关。总体上来看，纽约市参与式预算使用的是议员分配款，而市议员分配款又在全市的预算决定中只占了很小一部分，所有议员的分配款加总起来都不到全市预算的 1%，尽管如此，对于这部分资金的使用透明问题仍有很多质疑。③ 为了回应这些质疑，市议会对于这部分资金使用有很多改革，力求做到公正公开，比如，2006 年市议会将日常性支出资金的招标方都公布到网上，2007 年尝试一种"透明决议"（trans-

---

① FAINSTEIN S Sainstein. Spatial Justice and Social Planning [EB/OL]. translated by Philippe Gervais Lambony. Justice Spatiale, 2009.
② SANJEK R. The Future of Us All: Race and Neighborhood Politics in New York City [M]. Ithaca NY: Cornell University Press, 2000: 375.
③ FAUSS R. Creating a More Equitable and Objective Discretionary Funding Process in New York City [R]. Report for Citizens Union of the City of New York, 2012.

parency resolution）项目，将议员分配款的详细使用情况发布在市议会的官方网站。随后，改革逐步向社会回应和社会参与过渡，议员分配款的改革也加速促成了 2011 年参与式预算在纽约的试点进程。因此，纽约市参与式预算启动的契机是市议会权力的逐步增强以及对预算权的改革，它们共同的目标都是达到有效的治理机制。在这一过程中要有更多的公开、参与和政府回应，两者的互动也是彼此强化的过程，参与式预算释放出更多来自居民监督的压力，而市议会的变革则为参与式预算的开展提供了激励。①

二、让弱势群体发声

当参与式预算从巴西传播到其他地方时，原初阿莱格雷港模式中"激进民主"的目标也一再变化，对于纽约而言，参与式预算也有一个明细的脉络，即为弱势赋权。

在这一过程中，注重公民直接的参与（direct engagement），弱化预算代表的职能。阿莱格雷港的预算代表是经选举产生的，为了方便会议的讨论和运作，城市被重新划分为不同的行政区，也明确规定了各个行政区有哪些资源可以投入哪些计划之中。预算代表的作用是与市政府来沟通确定本行政区域内的项目资金，为了达至"翻转优先次序"的目标，惠及社会公众，资金通常会向贫困地区倾斜。在纽约，则不存在这种设计，美国参与式预算中仍然保持预算代表的角色，但是由当地居民自愿参加，预算代表更多像是有专业知识的中间人，负责将居民的提案和政府的实施建议对接。

---

① GILMAN H R. Democracy Reinvented: Participatory Budgeting and Civic Innovation in America [M]. Washington, D. C.: Brooking Institution Press, 2016: 55.

为弱势赋权的脉络更体现在纽约市参与式预算的宏观背景上,这里主要考察政治机会时刻、制度背景、公民社会组织和动员,因为本研究认为基于制度设计和过程演绎将直接决定实施的结果。从初始的政治机遇条件来看,选举民主造成的两党制根深蒂固,议员需要最大限度地知晓本选区的民意,因此顺应地方政府创新的趋势,参与式预算能够动员社会边缘人士,也符合议员的利益。从制度的背景上来看,纽约市参与式预算应用在单一代表制下的选区中,议员有一笔可供自己支配的分配款,议员本身在使用这笔款项时有较大的自主权力。在公民社会方面,纽约市参与式预算启动了庞大的公民社会的自主性,通过非政府组织的纽带,大量的有色人种、非美国公民的居民和低收入者被组织起来在政治决策中发声,投票和参与年龄的降低也吸引了不少青少年进入参与的轨道,实际地学习政治的运作。在动员和组织力量方面,纽约市参与式预算更多依赖既有政治制度,议员办公室和公民的连接,社会组织和个体来引导更多的人参与提案和投票。

经过三十年的发展,很容易去区分目前世界各国参与式预算的同质性和异质性。纽约市参与式预算代表了参与式预算的最新转向,即从一种"激进民主"到"善治"工具的转换。[1] 从目前来看,纽约市参与式预算停留在治理创新的层面,与巴西参与式预算进入主流有显著的差异。有关"善治"在地方政府治理上的体现,可以被归类为有效性、平等、回应性、参与和安全,[2] 而参与式预算主要促进的是有效性、参

---

[1] CABANNES Y, LIPIETZ B. Revisiting the Democratic Promise of Participatory Budgeting in Light of Competing Political, Good Governance and Technocratic Logics [J]. Environment & Urbanization, 2018, 30 (1): 67-84.

[2] Global Campaign on Urban Governance Global Urban Observatory. Urban Governance Index Conceptual Foundation and Field Test Report [EB/OL] UN-HABITAT, 2004: 4.

与、平等三个维度①，具体到纽约个案，它更注重的是平等以及塑造包容性的政治环境。这里的包容性，并非仅指参与式预算吸纳了足够多元的人群，而是指为参与式预算的发展营造一个长久发展的环境，主要体现在非强制和对民间社会的激活上。比如，尽管纽约市两任议长都大力推广参与式预算，市长也将其列为城市发展的重要方向，但议员可以完全忽略来自市议会和同侪的压力，唯一无法消解的是，选区内民众对于公共参与的要求，多数议员都是为了主动讨好选民或被动被选民说服来实施参与式预算。这种"非强制"还体现在"放羊式"的管理上，尽管市议会办公室编订了统一的手册供议员办公室参考，但是并没有具体的指标来要求各选区。各选区之间也不存在彼此竞争的关系，参与式预算做得好与坏，都不是官僚晋升的依据和要求，因此在访谈中，选区办公室工作人员对参与式预算有很多好评，访谈中有人提及：

（做参与式预算）对我们工作没有额外负担，因为时间长，也不急。本身这些工作也是我们要做的，我们平时也会办些活动，顺带就把一些预算讨论放进来，不费事的。②

议员办公室工作人员的态度也和大量的民间组织及志愿者分担了诸多动员和宣传工作有关，通常，纽约市的社区本身就有公民熟悉的社会组织和积极分子，市议会组织相关的培训活动，以及为这些社区组织提供辅助资金，引导他们积极加入参与式预算当中。在参与式预算风头日

---

① CABANNES Y. Participatory Budgeting: Conceptual Framework and Analysis of its Contribution to Urban Governance and the Millennium Development Goals [J]. British Journal of Clinical Pharmacology, 2004, 64 (3): 263-265.
② 研究访谈（纽约市第七选区议员办公室投票日访谈），时间：2019-04-04，地点：纽约市第七选区马克·莱文（Mark Levine）议员办公室，访谈对象：议员办公室公共参与事务主管基什亚（Kyshia）。

盛的情形下，民间的参与会诱发潜在的寻租空间，纽约市也因此大幅度缩减日常性支出的份额，减少用于人员的费用，而倾斜到基础设施项目上，一位议员就曾表示：

……他〔注：现任议长支里·约翰逊（Corey Johnson）〕不喜欢日常性支出的原因可能就是怕腐败，所以他带头缩减这个资金，因为很多社会组织会参与进来，如果日常性支出太多，以后怕出事。①

在社会组织的动员下，美国公民对于参与式预算的积极性是自主的。在富裕的社区，大量存在对参与式预算无动于衷的公民，因为这些社区本身的公共设施非常完善，或者需要改进的地方远不是参与式预算的"小钱"能够解决的。对富裕的社区，民间社会组织也不会强求，而是将更多精力用在那些边缘的人群和相对贫困的社区。纽约包容式参与式预算契合了哈贝马斯（Habermas）对于协商民主论述的理论前提，即一个高度多元、分殊、资源丰富与自主的公民社会的存在，这种在地的公民社会和公民个体，是美国参与式预算的根基。

因此，纽约的参与式预算是基于不同的方式来处理民众的偏好和输入，在实践中，纽约市参与式预算重点处理了平等的问题，拓宽了公民权的边界。

三、小结

纽约市参与式预算代表了一项在成熟的民主国家深化民主的做法，它是由民间的社会组织游说产生，属于公民创新的范畴，同时它借助的是当地的议会生态，并最终成为影响全市的公共政策。

---

① 研究访谈（纽约市第39选区投票周访谈），时间：2019-04-07，地点：布鲁克林博物馆，访谈对象：纽约市第39选区议员布拉德·兰德（Brad Lander）。

参与式预算的制度比较 >>>

首先，公民社会推动参与式预算的决心从未减弱，从试点四个选区的实验到全市范围内的公投，纽约市参与式预算展现了蓬勃的社会活力。制度化的公共参与并不是单向的，不只是政府拉开窗帘让公民更仔细地审查自己的作为，而是让公众本身加入有效治理中来。① 既有的参与式预算有两个发展方向，一类是在资金上纵深发展，如苏格兰参与式预算一直注重提升项目占全部预算的比重；另一类则是在覆盖面上有更多的扩展，纽约市参与式预算则采用后一种制度化的策略，更加符合要给更多公民决策权的初衷。制度化的参与式预算能够给公民更多的回报，尽管这些回报不一定是物质上的，而是更多的公民知识、与民选官员的连接、领导能力以及更包容的社区文化。② 纽约市参与式预算的案例清晰展现了制度性改革对于公民社会的影响，从上而下的治理创新所形成的机会结构，使得本已活跃与自主的公民社会能够有效地增长，公民的意见得到凸显。而在这一过程中得到好处的公民和公民社会团体又自下而上地影响新的正式制度的形成，国家与社会的关系得到妥善地处理，驱动地方政府有更多的回应性。

其次，纽约市的制度环境也为参与式预算提供了充足的资金保障和政治支持。纽约市是美国进步派的深蓝大本营，也是进步主义倾向浓厚的城市，从市长到议员，竞选和执政时在扩大公民权利方面有诸多的承诺。以市政府推广的"纽约市民卡"（IDNYC）为例，"只要能够证明

---

① YOUNG A, GILMAN H, RAHMAN S, et al. Toward Reimagining Governance: Mapping the Pathway Toward More Effective and Engaged Governance [EB/OL]. Paper prepared for GovLab, New York University, 2013-04-18.

② GILMAN H R. Democracy Reinvented: Participatory Budgeting and Civic Innovation in America [M]. Washington, D. C.: Brooking Institution Press, 2016: 86.

在纽约市居住都可以申请办理这张有政府信用的 ID 卡"[1]，凭借这张卡即可参加参与式预算的投票。规范的选举制度也为参与式预算提供稳定的政治支持，第一年进行参与式预算的梅丽萨议员后来当上了议长，她是推广参与式预算的重要人物，当然，在议员的换届选举后，参与式预算的选区数量也出现回落的情形，但仍旧得到市长和多数议员的支持。议员分配款的规定和使用无须经过议会以及行政部门的再次批准，体现了纽约市去中心化的发展策略，给予选区更多支配的权利，而参与式预算正是利用这部分资金，将资金的决策权从议员办公室进一步下分到民众手中。

从结果上来看，纽约市参与式预算充分体现了参与式民主对于公众声音的尊重，并且起到了公民教育的作用，纽约市在推广参与式预算上的构筑由多方行动者协力合作，有利于公共参与的生态系统。政府部门联合当地的社会组织、行业协会、学校以及学者积极介入，呈现以下几个特色：

（1）市议会内成立一个囊括市府几个职能部门成员共同组成的参与式预算督导委员会，负责统筹和协调整个流程。

（2）以简化易懂的方式编写参与式预算的流程并宣传，降低参与的门槛方便民众进行讨论。

（3）优先考虑行业协会或社会组织之外个体的参与，吸纳弱势群体。

（4）居民志愿选择做预算代表，负责市政部门和公民之间的沟通。

可以看出，从制度设计上，纽约市参与式预算是要充分尊重民众控

---

[1] 项皓. 赋权与参与的新探索：美国纽约市参与式预算 [J]. 新视野，2018（2）：122-128.

制（popular control），但是在发展过程中，参与式预算趋行政化的走向还是十分明显的，特别是督导委员会在制定参与式预算规则中地位的下降。市议会公共参与部门的一位主管就曾经谈到自己部门的工作是承接之前社会组织构成的督导委员会的职责，认为参与式预算发展的必然结果就是让行政部门来负责，而没有中间路线（there is no middle of the road）。① 因此，即便在一个公共参与氛围十分浓厚的体系之中，由于参与式预算涉及政府预算项目这一特殊性，仍然不可避免地遭遇到官僚系统的抵制（resistance），这种抵制并不是反对参与式预算项目本身，而是反对由民众和社会组织来担任规则的制定者。现有的研究证实一个有效的参与实践应该包括公民社会作为监督实体，但是纽约市督导委员会的这种变化体现了参与实践的发展并不必然导致公民社会的强大，这种制度的发展也有可能导致与公民社会的脱离（disengagement），因为民众控制议程已让渡给议会控制议程。纽约市参与式预算目前的发展尚未显现扭曲的情况，因为尽管行政性质增加，议会的工作仍然要寻求公民最大限度的支持，这是选举制度给予的保障。

---

① 研究者第一次进入纽约市议会是在2016年3月31日，当时接待我们的是议长办公室负责参与式预算的负责人，她管理不过5人的团队，大部分规则制定工作是在参与式预算计划（PBP）以及社区之声（CVH）的会议讨论中商讨决定，可以说是一种民间与公部门结合决策的方式。当研究者第二次进入纽约市议会是在2019年4月4日，此时访谈对象是市议长公共参与委员会的工作人员，这时他们已经形成一个完整的公共参与团队来具体规划参与式预算的流程和规则。

第五章

南昌：政府治理下的居民自治

第一节　早市与晚集：中国参与式预算

中国参与式预算发展的时间较长，但过程相对缓慢，中国参与式预算适逢传播过程中的第二波和第三波，自身也塑造产生了诸多模式和特色，有一代和二代的区分。中国参与式预算尚未造成大规模的社会变迁，但是在各个地方显现不同的特征，如今也成为中国治理现代化的一个指标性创新项目。中国的参与式预算引起世界范围内学者的广泛兴趣，因为中国的案例显示了参与式预算制度本身的适应性，能够在不同的制度和规范中运作；同时，中国参与式预算也彰显了特色的社会主义制度优势，如极高的参与率和提案率，并独创了一些深度协商的方式。

一、从预算公开到预算参与

参与式预算在国际传播的过程中，有两种途径，一种是直接移植巴西的经验，另一种是根据本国的国情和需要逐步过渡到预算参与的进程中。中国参与式预算既受到国际经验的启发，同时也有自己的制度背景，中国的参与式预算是循着预算改革的路径，从预算公开的起点逐步过渡过来的。中国的参与式预算并不是从中央层面进行推广，而是由各个地方政府自主改革创新，由于中国地区与城市之间差异，中国参与式预算呈现不同的做法和特征，目前中国的参与式预算以"全民参与、全民投票"的新模式为主，逐步走向与"社区自治"相结合的道路。

21世纪初，中央一直在强调政府预算的公开化和透明化，但是囿于自上而下推动的阻力，以及预算制度的保密性，实际中遇到很多难题。自上而下的改革最终由地方政府的创新启动，揭开预算改革的大幕。第一个勇于实践的是浙江省温岭市的新河镇，在2005年7月，新河镇首开了地方政府预算公开的先例，在其后三年中，温岭市的其他乡镇也做到了预算的全公开。随后，全国各地都掀起了"三公"经费公开的热潮，如2009年年底广州市率先公布了114个政府部门年度的所有预算，"三公"预算公开为后来的预算改革奠定了基础。预算实现公开后，随之而来的是如何对预算进行审批，根据中国宪法，各级人大是政府预算的审议主体，预算权是人民代表大会的法定职权。[①] 新河镇从2005年公开预算之时，也开始探索如何建立一个程序来规范审议的过程，这个程序包括公开预算、社会公众参与预算初审、人民代表大会上代表和政府官员的公开对答、人民代表大会上就预算问题的讨论、预算调整、全体人民代表大会辩论与表决。虽然这一套程序是建立在乡镇层级的人大政府预算审议过程上，但影响逐步向上，被市一级和浙江以外的地方借鉴学习。

---

① 华国庆.预算民主原则与我国预算法完善［J］.江西财经大学学报，2011（4）：99-106.

人大审议预算的过程被激活后，基于人大和公众的连接，为了保证预算决策能真正反映民众的需求和偏好，社会公众的声音也逐渐被考虑进来。温岭实现预算全公开，允许民众对预算进行讨论，并希望寻求一个制度化的程序和渠道导入公众的意见。2005年温岭市下属的泽国镇通过随机抽样挑选代表，从居民中选出代表参与讨论政府的项目，与之相类似的是上海惠南镇从2003年开展的"点菜"式财政改革，由政府提出工程类项目，然后交由人民代表大会讨论并最终以投票的形式选出项目。2009年温岭市下属的新河镇在预算编制的阶段采用"民主恳谈"的形式让人大代表和村民代表提出问题，温岭市的温峤镇还实行了性别预算，即满足不同性别的人群对公共预算的需求，这些都是类参与式预算的做法。

参与式预算以概念形式进入中国是在2005年，当时受到巴西参与式预算风潮的影响，为了配合预算改革的步伐，国务院发展研究基金会召开会议，邀请国际专家一道，介绍参与式预算的做法。同时，福特基金会等还组织中国地方政府的官员去巴西实地考察，在2006—2008年间，以无锡和哈尔滨的十几个街道为试点进行参与式预算的实验，但是因为影响不大，未取得相应的成效因此后来逐步被放弃。

从这一时期开始，中国的预算改革正式步入第二阶段，即预算参与。2005—2016年，中国的公众参与预算逐步成形，在各地有不同的突破。由于地方政府不同的需求和政策导向，这些地方政府的做法，有学习国际经验的模式，也有中国特色自发的改革，代表性的有以下几个改革创新：首先，是温岭作为"协商民主"的重要标杆。如前文所述，温岭的改革从一开始就包含了公众参与，同时温岭预算改革最大的创新举措是将人民代表大会审议预算从程序落实到实际操作中，可以看作一种"双轨制"的参与式预算。其次，是"菜单"制的做法，包括上海

参与式预算的制度比较　>>>

的惠南镇和宁波的宁海县的做法，由于这种做法中前期的项目是政府制定和挑选的，留给公民讨论参与的时间和机会也不多，最终的决策权也不一定在居民手中，因此不能够归入正式的参与式预算，只是一种过渡性做法。再次，北京麦子店的"实事工程"，从2013年开始，麦子店街道拿出可支配的资金用于给人民办实事，具体方式是由居民提出自己的项目，其后在居委会内部进行讨论，最终由各社区在街道层面就各自的项目竞争并投票。麦子店模式关注程序的制定和公众的参与，时间上也预留了充足的讨论空间，比较成熟，不足之处在于金额有限，项目只能落实到特定社区而不能实现全覆盖。最后，云南盐津的部门预算，从2012年起，盐津县承接和世界银行的合作项目，同时在云南省财政厅的指导下，陆续启动了四个乡镇的参与式预算，流程是由居民个人或政府提出项目，形成一个乡镇项目的资源库，然后由各村挑选民主议事会的成员组成乡镇预算代表团对项目库的提案进行讨论和投票，最终由公众参与选出的项目金额达到预算总数的30%。由于有世界银行和国内专家的支持，盐津参与式预算的做法比较规范，同时开创了在欠发达地区进行参与式预算的先例，并且在资金的占比规模上领先于其他地区，但是由于地方政府和国际组织合作项目的结束，盐津参与式预算也被迫中止。

　　从浙江温岭到北京麦子店，民间社会组织——世界与中国研究所一直是参与式预算的幕后策划团队之一。2016年，世界与中国研究所组织相关人员访问了美国纽约市，全面了解参与式预算在美的最新发展和过程，也从市议会、市政府和民间层面收集了相关的资讯。在借鉴国际做法的同时，世界与中国研究所也联合一些地方政府建立了全民投票的预算参与新模式。新模式首先在海南省海口市美兰区开展，美兰区参与式预算的做法结合了中国预算参与的前期准备以及国际经验，将深度协商和公民投票结合。① 美兰区参与式预算有前期准备、项目提议与征集、项目整合、投票与确定项目、项目执行与监督、项目绩效评价环节，历时四个多月，居民深度参与，也得到政府部门的大力支持和群众的高度评价，并在规模上得以扩展并延伸到乡镇区域。美兰参与式预算得到上级官方的肯定后，一些地方政府也前来学习并观摩经验。2017年，江西省南昌市西湖区采取了和美兰区类似做法的参与式预算，同时加入了当地推动居民自治和社区治理的要求。2018年，江苏省苏州市吴中区同样开展了以"全民参与、全民投票"为特色的参与式预算。尽管，参与式预算在各地的称呼随着政府工作的需要有所不同，但已经逐步从预算改革走到预算参与和社区自治的轨道上，并逐步向制度化，可持续性的方向迈进。

二、中国参与式预算的国家特色

目前，新模式的参与式预算成为城市预算参与改革推广的主流，但是一代预算参与制度所蕴含的特色和经验也值得进一步研究，中国参与式预算各地的做法上尽管有时间的差别，并没有一个明确的分水岭，是逐步从咨询式的参与到决策性参与的过渡。前一阶段中，温岭市参与式预算尽管受到中央层面的大力肯定，成为协商民主和人大审议制度改革的标杆，但一直没能将经验推广到其他地区。而美兰参与式预算，作为一项社会治理类创新，入选为海南自贸试验区和自由贸易港建设的阶段性发展成果，在制度设计和实际运作层面与温岭形成一个对比。总体来说，与国际案例相较，中国参与式预算的特点有以下四方面：

---

① 项皓. 全民提案与全民决议：海口美兰区参与式预算的制度创新［J］. 兰州学刊，2019（5）：45-56.

首先,中国参与式预算从预算公开走来,具有一定的自发性,而不是单纯地借鉴巴西的概念,也不同于巴西参与式预算强调社会公正,激进地民主化民主。曾经参访巴西的官员在访谈中表示,他们对公民主导型的进程持保留态度,认为这种做法不可控,不具有可持续性。[①] 中国参与式预算是地方改革先行,缺乏一个强有力的中央推动力,而中国幅员辽阔,地区差异性大的事实也让各地的做法产生很多区别。参与式预算各国的做法都有不同,但是在一个国家之内并行多种不同模式还是比较罕见的,追溯这一原因,和中国特色社会主义体制以及过去十几年的政治发展有关,是政策实验的产物。

其次,中国各地的参与式预算可持续性稍显不足,很多地方的实验都无法维持长久发展,这是本研究后续讨论的重点。随着参与结构的规范化和制度化,是否能够解决公民参与链条的断裂,让参与式预算持续创造一个让公民社会和公部门协商的空间。从时间上来看,中国参与式预算起了个"大早",却赶了一个"晚集",进展缓慢,也一直仅作为地方创新的面目出现,并未成为各级地方政府预算决定的主流。参与式预算在中国已发展了十余年,一直都未能解决规范化和制度化问题,目前中国的参与式预算还未进入地方政府正常的工作任务序列,也没能融入当地政府的日常运作当中。结合各地的经验来看,参与式预算执行主体可以是当地的民政局,也可以是财政局。民政局牵头的参与式预算一般更加注重培育居民参与的热情,而财政局牵头的参与式预算在将居民选择的结果纳入常规预算周期更加方便,这两方面都有利于参与式预算的长期发展。从既有的参与式预算案例以及中国治理创新奖的案例来

[①] 何包钢,徐国冲,毕苏波,等.中国公民参与式预算:三种不同的逻辑[J].领导科学论坛,2018(23):84-96.

看，项目的持续性都存在困难，参与式预算的流程较长，涉及的各部门利益主体纷繁复杂，如果地方政府又不能得到实质性奖励，很难使各方在有效的平台和机制下进行协同治理。

再次，是参与式预算被既有利益群体的意志所绑架的问题，这一点在国外的案例中屡见不鲜，在利用议员分配款进行的参与式预算当中，议员的意志被充分放大，而在参与过程中，也不乏旧势力对提案会议和投票表决进行干扰的案例。① 中国的参与式预算发展迟缓，面临的主要问题集中在政府的开放程度和居民的参与热情上，用于参与式预算的资金规模相对也比较少，但在参与式观察中也发现这种问题的苗头，比如，政府想方设法让自己中意的提案通过，或在最后实施过程中以各种借口未按照公示的项目清单来实施。参与式预算的模式和细则并不是一成不变的，只有针对各地的不同情况给予针对性措施，才能防止这种地方既有势力利用参与式预算谋求私利。这也是中国参与式预算在未来规模和资金扩展后需要防范的问题之一。

作为社会治理格局创新的重要角色之一的社会组织，在中国参与式预算中明显缺位，动员工作主要由政府依靠自身的人员和机制进行，没有发挥民间社会组织的作用。一般来说，社区内的社会组织通过参与式预算的方式融入社会治理，广泛发动居民参与并实施监督，能有效弥补基层政府的"短板"和科层固化，也能减轻基层政府在参与式预算中的负担，提高工作的效率和灵活性。更重要的是，社会组织的参与能极大激发基层社会活力，成为基层组织自治功能发挥的有力补充。很多实

---

① MONTAMBEAULT F, GOIRAND C. Between Collective Action and Individual Appropriation: The Informal Dimensions of Participatory Budgeting in Recife, Brazil [J]. Politics & Society, 2016, 44 (1): 143-171.

践都表明，社会组织在基层治理创新中的意义重大，使社区自治组织从过去事无巨细的服务事项中部分解脱出来，也为街道一级政府组织深入群众听取民意、集中民智创造了条件，促进了各级政府部门基本职能归位。从中国参与式预算的最新实践，海口美兰到江西南昌，社会组织的介入逐渐深化，但作用还没有得到充分发挥。比如，南昌市引入的高校志愿者团队，虽然事前经过培训，但是在实际引导居民的参与和监督社区干部的行为方面还显得不足。在地的校友会作为有一定参与能力的社会组织，由于构成复杂，队伍庞大，在配合参与式预算的过程中也会有所疏漏。而社区内社会组织多以娱乐性的目的为主，如文娱队，在引导居民投票时偏好性太强，很容易主导投票和提案的进程。

最后，是公民个体角色的疏离，原子化、分散化的居民个体在面对高度组织化的"国家"面前十分无力，而参与式预算提供了一个平台让居民实质性参与到政府事务当中，弥补双方之间的信息不对称和权力失衡。从这个角度来说，参与式预算建立了一套利益表达机制和监督机制，是实现协商民主的重要途径。无论是美兰区的"双创微实事"还是西湖区的"幸福微实事"，公民在提案和投票环节展示了较大的积极性，但是在专业性方面略显不足，对预算的概念认识不深。同时公民意识的缺乏也造成居民多关心与自身利益有关的项目，而较少考虑与整个社区和城市层面的议题。因此中国参与式预算的意义之一就是培育现代公民，增强居民的参与意识，激发人们参与公共事务的热情与兴趣，鼓励更多既有意愿又有专业素养的社区"精英"加入社会的公共治理当中，发挥更有效的联结。

三、"有指挥的即兴发挥"

在明晰中国参与式预算发展的脉络和特征后，本研究关注的是参与式预算这种公共参与方式在中国存在的制度背景，综合各试点城市的经验来看，中国特色的动员方式并非简单地将国家主导的预算决策权部分让渡给地方自治，而是通过国家力量自上而下地推动，稳定与改善国家与社会关系。

决定参与式预算在中国生存的核心因素是强有力的国家体制，但是这种国家体制同时结合了分权化的属地管理，借用学者洪远源（Yuen Yuen Ang）在研究中国脱贫问题时提出的概念，这种起决定性作用的模式是一种"有指挥的即兴发挥"（directed improvisation）①。在这种结构下，中央统一制定指导性意见同时又鼓励地方进行试点实验，对于反馈良好的实验，考评和激励体制是明确有效的，因此在一段时间内，才会呈现地方政府百花齐放式的各种创新。具体来说，中央负责是建立压力型、单向性的考核结构，下级政府需无条件对上级负责，地方则寻求一些创新的方式，如协商民主，更多的分权与参与等。② 其中，负责中间连接的地方政府有了更多的任务，一方面他们需要对上负责，另一方面，他们负担了维护社会稳定的主要责任，而一线的基层政府直接与民众接触，需要调和潜在的民众和政府冲突。这种情况下，有两种处理压力的方式，第一类是利用国家暴力机器强制服从，即为维稳；另一类则是增加与社会对话的方式，化解和缓和矛盾，扩大社会对于公共事务的政治参与。参与式预算正是在后一种情境下产生，它并非来自自上而下的改革，也并非完全来自民间，而是位于官僚体制中下层的基层和地方政府为了解决地方上的冲突而"即兴发挥"的，带有非常浓厚的地方政治改革试验的特点。

---

① ANG Y Y. How China Escaped from Poverty Trap [M]. Ithaca, NY: Cornell University Press, 2016: 69.
② ANG Y Y. How China Escaped from Poverty Trap [M]. Ithaca, NY: Cornell University Press, 2016: 69.

参与式预算的制度比较 >>>

其中，运动式治理就是这些特点之一，即一种超越常规官僚日程，是针对性的密集行动。① 这种模式，植根在中国政治体制的历史传统和现实中，属于中国特色的治理风格。在参与式预算中，它主要表现为由高层决策挂帅，政府的派出机构和下属单位（如街道和社区居委会）充当任务执行和动员的主角，公众被组织动员参与为特色，根本上属于一种定向的资源动员，在"短时间内将治理资源集中在特定的领域"②。在中国各地参与式预算中，都是由政府部门相关领导挂名工作小组的领导组长，并由街道领导担任责任人，地方领导对参与式预算的重视直接决定了后续工作的展开。这种"运动"色彩还体现在参与式预算对政府日常工作重心的配合上，以美兰区参与式预算为例，在2016—2019年三年的运作当中，分别被冠名为"双创微实事""社区更新微实事"和"新时代文明实践微实事"，这是因为参与式预算在更广泛意义上是为了配合地方政府争取创建全国文明城市和国家卫生城市以及新时代文明实践建设等工程。中国参与式预算作为运动式治理，还体现在依靠政府机关的派出机构街道办事处和居民自治组织社区居委会来担任主要的动员角色。街道和居委会工作者是最接近居民生活一线的公部门人员，是所谓的"街头官僚"（street-level bureaucrat），有普遍的自由裁量权。③ 他们一方面拥有一定的自主性来平衡上级的命令，同时又要服务于上级委托下来的政治任务。在领导挂帅的前提下，街道和居委会采取

---

① KENNEDY J J, CHEN D. State Capacity and Cadre Mobilization in China: The Elasticity of Policy Implementation [J]. Journal of Contemporary China, 2018, 27 (111): 393-405.
② 郝诗楠. 理解运动式与常规化治理间的张力：对上海与香港道路交通执法案例的比较 [J]. 经济社会体制比较, 2019 (4): 160-168.
③ 叶娟丽, 马骏. 公共行政中的街头官僚理论 [J]. 武汉大学学报（哲学社会科学版），2003 (5): 612-618.

既有工作中熟悉的"入户走访",举办居民喜闻乐见的文娱活动来宣传参与式预算,特别是在投票期间,更是在商场门口或学校附近组织"拉票"活动,极大地调动了居民了解和参与的热情。在这样的过程中,与其说居民是自愿参与进来的,不如说是被组织或被动参与的,居民一旦在参与式预算中得到获得感,后续将会逐渐转化为自主参与。但运动式治理也存在很多限制,首先,领导的决策会成为参与式预算是否持续运行的关键要素,在统计中国治理创新的时候,多数案例不能制度化的原因在于主要领导的变动①,即所谓的"人亡政息"。其次,作为"街头官僚",在得不到激励的情况下,很可能会利用自己的自由裁量权来扭曲项目的初衷,受访的一位居委会干部称:

那个,第一年嘛,说给每个人发2000元的奖励,我们春节前都加班加点搞投票,这都第二年了还没有拿到手,今年没意思了。②

在中国参与式预算或者说各项社会治理都十分依赖"街头官僚"的时候,如何去平衡项目的目标和实际的工作流程和工作任务就是一个明显的问题,运动式治理强加给街头官僚高压的行政环境和效率指示,很容易让参与式预算公部门最基层的参与者失去耐心。最后,则是"顺民"的参与,参与式预算的初衷是通过制度化的参与让公民的意见进入政府的决策,但公民本身如果是被动员进来的,这样的效果就会大打折扣。接下来,本研究将以南昌市参与式预算为例,来观察中国参与式预算调动的行动者和流程,以及在实践参与式预算的过程中,国家与公民的关系有无发生转变。

---

① 俞可平. 中国地方政府创新的可持续性(2000-2015年)//俞可平. 政府创新的可持续性研究[M]. 北京:社会科学文献出版社,2019:12.
② 研究访谈(南昌市西湖区参与式预算回访),时间:2019-10-15;地点:南昌市西湖区;对象:西湖区居委会工作人员。

第二节　城市脉络：南昌市参与式预算

一、兴起：沿海到内陆的"试验"

南昌市是江西省的省会，常住人口约555万，是长江中下游地区的重要中心城市。和纽约市参与式预算扩散的情形相似，南昌市参与式预算也是试点项目，纽约市参与式预算以选区为单位，而南昌则以街道为单位。2017—2018年，南昌市下属的西湖区选择在南浦和广润门两个街道进行参与式预算，2018—2019年扩展到了广润门、南浦、南站、桃园和丁公路五个街道以及西湖区辖内的桃花镇，2020年则开始与老旧小区改造的主题相结合。参与式预算结合当地政府的党建活动以及社区自治等相关工作，得到居民和政府的认可，也延续了从海口市美兰区开创的"全民投票"的最终决定形式。

在本章第一节中本研究概览了中国境内目前集中参与式预算，之所以将美兰"全民投票"的参与式预算作为目前参与式预算的主流，并不是认为第一代预算参与的翘楚——温岭模式的创新水平更低。而是因为新型的参与式预算更能贴合当前政府部门和党建发展的需要，也更接近国际标准，以及在本研究中，和阿莱格雷港以及纽约市采取投票选择项目的流程更为相似，更利于后文的比较。具体到南昌市，本研究希望单独地检视南昌案例，注意到在地的政治脉络、传统和行动者，以确保能从中识别出中国特色的脉络，用案例的特殊性来详述参与式预算的城市逻辑。

从来源上，南昌市参与式预算前期的很多准备工作都来源于头一年在海口市美兰参与式预算的经验，也包括项目前期准备、项目提议与征集、项目整合、投票与确定项目、项目执行与监督、项目绩效评价六个环节，其中街道和社区两级各有一张选票，公民可以就自己提出的项目进行讨论并最终投票选择。① 在中国地方政府的创新中，相对于浙江和广东沿海等地，江西省是缺乏特色与先例的，但在中国各省地级市中，南昌市的做法却是比较典型的。典型之处在于即便缺乏制度创新的传统，也缺乏相对富庶的公民社会组织（相对于沿海而言），仍能够通过参与式预算这样一个平台将民众的需求输入城市治理之中。参与式预算同时激活了当地的基层社会组织，并逐步与社区自治相结合，也得到民政部的认可，成为未来推广的典型模式。

那么，南昌市试点以及推行参与式预算的初衷和条件有哪些呢？首先，是中央层面对于地方治理创新的鼓励和支持，十九大报告中明确提出要打造共建、共治、共享的社会治理格局，十九届四中全会则提出"完善党委领导、政府负责、民主协商、社会协同、公众参与、法治保障、科技支撑的社会治理体系的社会治理总要求"。这种对于社会治理能力的重视是基于对基层现状的认知，具体到南昌市，和其他省会城市一样，在最近二十年中经历了高速的城市化过程，但是基础设施建设不能够满足庞大城市人口的生活需求，南昌市旧城区的路面设施、住宅楼配套设施以及住房条件本身仍停留在十几年前，居民对生活环境改善的愿望非常强烈。因此，参与式预算在这里的功能性目的非常明显，即要

---

① 项皓. 全民提案与全民决议：海口美兰区参与式预算的制度创新 [J]. 兰州学刊，2019（5）：45-56.

完善社区安全防护，消除潜在的安全隐患；健全社区内问题设施，丰富居民的娱乐生活；提升社区的绿化品质，改善社区的居住环境。

在寻求对老旧社区的改造过程中，南昌市民政局下拨了一部分社会服务类资金，但是对于资金的使用方法有诸多疑虑。为了响应党中央对于治理新格局建设的号召，南昌市西湖区民政局选择顺应国家治理现代化的需求，让居民参与政府预算，同时也借助这个机会促进政府预算透明，化解民众的不满情绪。另一部分资金则来自城市化进程伴随的住房改革这一契机，因为老城区存在大量的老旧单位制住宅区，不同单位掌握的资源不一样①，参与式预算刚好可以解决这部分资金的使用和分配问题。

在参与式预算的执行过程，南昌市和中国其他城市一样，在政府体系上呈现"职责同构"的结构特征和"双重从属制"，也就是说以区为单位，其下的街道以及社区工作人员能够负责本辖区内的动员和组织任务，这也使得南昌市参与式预算展现出了较高的过程参与率和投票率。那么南昌市参与式预算的流程和结构具体是怎样的，是如何收集民众的意见并最终形成公共预算项目，还有哪些值得关注的制度安排呢？

二、南昌市参与式预算的架构

南昌市参与式预算积极推动社区、社会组织和居民参与政府财政预算进程，将"政府定实事政府做"变为"百姓定实事政府做"，接下来本研究将以南昌市参与式预算第一年的改革为模板，厘清它的时间脉络和过程。

南昌市西湖区"幸福微实事"参与式预算第一届改革从2017年正式启动开始，从前期准备到最后确定项目实施，历时四个多月。西湖区

---

① 陈莹，周俊. 单位制老旧住宅区物业管理模式研究［J］. 中国房地产，2017（12）：65-72.

第一届试点改革经费从区政府年度有关民生项目的部分经费预算中支出，共计 830 万元，其中具体安排如下：分配给试点街道广润门街道办事处 400 万元，其中 100 万元用于街道层面的项目安排。另外 300 万元平均分配给所辖的十个社区，每个社区 30 万元。分配给试点街道南浦街道办事处 430 万元，其中 100 万元用于街道层面的项目。另外 330 万元平均分配给辖区内 11 个社区，每个社区有 30 万元用于社区层面的项目安排①，至于这笔资金如何使用，投在哪些项目上，全部交由民众提议并进行投票决议。总体流程架构如图 5-1 所示：

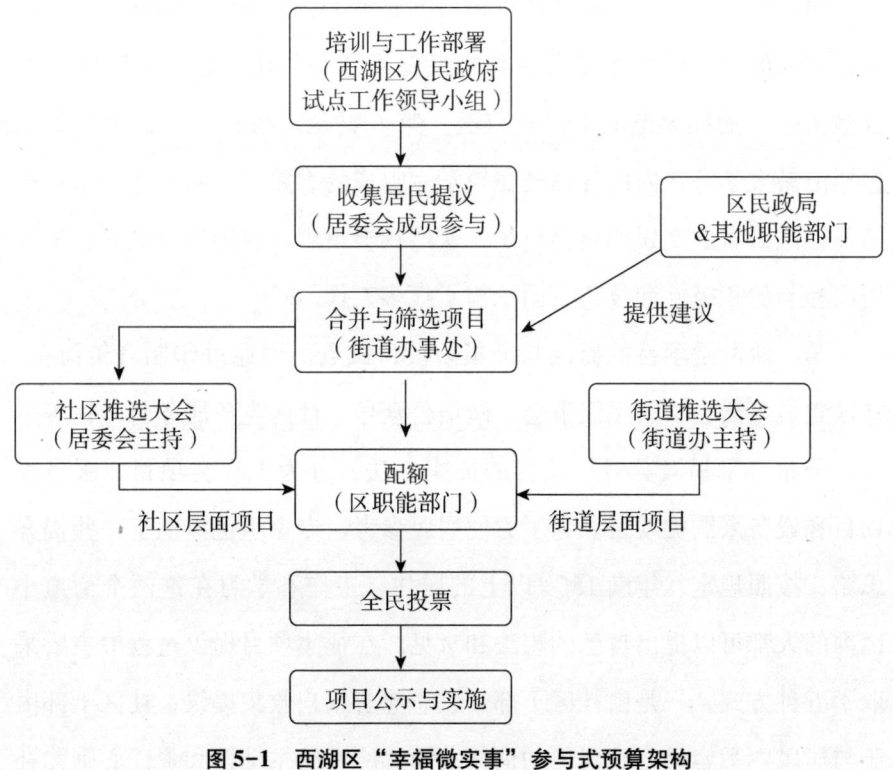

图 5-1　西湖区"幸福微实事"参与式预算架构

---

① 南昌市西湖区人民政府办公室文件（西府办发 [2017] 55 号）. 关于印发《西湖区关于开展"幸福微实事"试点工作实施方案》的通知. [S] 2017-9-15.

从时间轴上来看，2017年7月，西湖区民政局正式向西湖区政府报告请示在两个街道试点：广润门街道和南浦街道，共计对21个社区进行以"幸福微实事"的项目试点，即通过居民提议和民主投票的方式决定一批民生项目，切实解决群众关注度高、受益面广，贴近居民、贴近生活的工程和服务类项目，关注那些政府想要解决而因各种各样的原因没有能够解决的问题。2017年10月底，西湖区"幸福微实事"试点项目活动正式启动。第一阶段，西湖区成立了"幸福微实事"试点工作领导小组，进行了动员部署和专家培训，从后续的进程中可以看出，西湖区区政府将大部分执行权力下放到了街道一级，因此专家顾问组和在地的社会组织在整个过程中发挥了主动作用。参与西湖区"幸福微实事"的社会组织主要有三类：第一类是高校校友会，第二类是包括南昌大学等在内由各高校在校学生组成的志愿者，第三类是试点街道及社区既有的文娱类社会组织，这些社会组织在宣传项目意义、提升居民参与的积极性和技巧方面承担了很多工作。

第二阶段是项目的提议与征集阶段，试点街道通过印制宣传海报、社区党员生活会、居民议事会、微信公众号、社区党务居务公开栏等平台，公布"幸福微实事"项目的征集方法，分为工程类项目、服务类项目和设备采购类项目。为了方便居民参考，专家组也提供了一些提案思路，按照规定，年满15岁以上的居住、工作和学习在这两个街道小区内的人都可以提出自己的想法和意见。在征集项目提议过程中主要采取了五种方式，一是由社区干部带领志愿者入户收集提议，社区干部由于与居民熟悉容易得到居民的信任，而志愿者的主动性和责任心则弥补了社区干部工作中的疏漏；二是采取定点宣传的方式，比如，广润门街道有大量的临街商户区，因此在人流密集的地方设置专门的宣传点能快速地收集提议，宣传的范围也一下子扩大；三是在社区居委会设置专门的填写点，这样可以吸引来社区咨询办事的人群；四是采用电话访问的方式向辖区内的居民征求意见，由工作人员代笔完成提议；五是采用开座谈会的方式让居民代表和热心的居民坐在一起，鼓励想法的碰撞。统计来看，两个街道21个社区共收到9376条项目提议，这些项目主要涉及提升社区安全防护，消除安全隐患；改善社区居住环境；健全社区文体设施；增强居民自主互助的关爱；增进邻里关系，推动公共服务等方面，原始的提议还将保留提议人具体指定的实施地点。

第三阶段是项目的合并和筛选，在社区将项目提议汇总后，由街道根据七大剔除标准形成初步的项目库，在剔除违反这些标准的项目后由街道对剩下的居民提议进行合并。西湖区的合并方式大致有三种①，第一种是将内容相似的提议合并为一项，但是涉及不同的实施地点仍然予以保留；第二种是将内容和地点统一合并，成为跨社区提议；第三种是将合适的提议予以拆分，如增加健身器材可以应用到全社区多个地点。项目合并之后面对庞杂的项目需要由推选大会进行筛选，推选大会以每个社区为基础，各个社区依照自己的情况开展。推选大会的流程直接关系了居民参与的深度。第一步，在开始的时候，每个社区首先由会议主持人对会议召开的目的、与会者和会议流程进行说明。第二步，由街道办事处领导小组或社区负责人对本社区"幸福微实事"工作进展进行汇报，并回答居民的提问。第三步，由会议主持人将项目分配到各小组进行讨论，每个小组对本组内10个项目进行讨论并推荐3个项目。第四步，是由小组成员代表向参加大会的所有居民代表进行汇报推介。第

---

① 尹利民，刘威. 赋权、动员与参与：参与式预算改革的"西湖经验"[J]. 学习论坛，2019（03）：65-72.

五步，就是投票并组织现场点票，按照得票的多少将全部项目进行优先排序，形成一个项目清单。项目推选大会的目的并不是为了清除或选择，而是要得到一个优先排序的全体项目清单。

第四阶段是对项目进行配额。筛选大会过后，由街道办事处对社区项目进行配额。街道在这里的角色是区政府的代表，表明这些资金如何使用是政府的预算资金。资金配额的具体操作步骤为，由社区先根据街办下发的各项目指标估计金额做逐项配额，配额完成后，报区里审查。由专家组和街道一起对各社区报上来的配额项目进行检查，对于配额额度明显存在问题的，与社区沟通后进行修改。各社区的项目将项目配额由上至下加总，加总至每个社区60万元（30万×2）和街道项目200万元（100万×2）的范围，此前的项目就是选票上的正式投票项目，之后的项目将被淘汰。

第五阶段是投票阶段，投票站主要设置在街道和社区工作站之间，各社区也从街道领取流动票箱进行动员。根据投票规则，凡是年满15周岁以上，居住在试点地区的社区居民、工作在该社区的有关人员都可以在该社区投票，包括社区内的学生。居民在投票时要进行一个简单的居民登记，主要是避免重复投票，也为了后续统计投票人口的年龄性别指标，两个街道根据各自的情况分别组织了宣传。

第六阶段是计票和公示阶段。按照计票规则，投票结束以后，各社区都即时进行了有居民参加监督的点票和唱票，并实时公布了投票结果。各社区负责本社区项目的点票与计票工作。至于街道项目，则由各社区在点票、计票后将最后计票结果上报街道，街道再汇总得出街道项目的得票数。经统计，根据得票数，由高至低对入选项目进行选择，直至总预算到达规定的预算总额，以上为当选项目，以下为淘汰项目。

在中国目前所有的参与式预算改革当中，海口美兰和南昌西湖的创新在决策的层次和公民参与的深度和广度都是最高层级的，但相同新制度的形成不代表实践的趋同。有参与式预算制度的建立也并不意味着参与就是理所应当的，在不同的地区，利用相同属性的资源（都是政府财政专项资金）引入同一套治理创新技术，新的制度空间也存在较大差异。美兰区参与式预算中有一个负责统筹的部门"社区办"，由他们负责督导各街道和社区的工作，而南昌市参与式预算中则缺乏这样一个角色，这使得参与式预算的发展呈现不同的走向。

三、依赖中介的公民参与：南昌市参与式预算的发展

本研究关注参与式预算，不仅关注它在一个城市的制度设计，在衡量参与式预算的结果方面也关注这个制度在实践中的表现，根据田野观察，南昌市参与式预算高度依赖以社区居委会工作人员为主的中介，尽管在制度之初保障了每个公民平等参与的权利，但是在实际过程中公民的声音常常被消声。

我大概在九点四十分到达天灯下社区服务中心，会场的布置工作进行得不太顺利，社区缺少基本设备，我们的筛选大会是在一个老年活动中心举行的，由于桌子不够，我们只能将麻将机拼凑在一起，盖上包装纸充当桌子……筛选大会在下午进行，大约下午两点，我们再次来到会场，推门而入，却看到我们拼好并盖好桌纸的会议桌被摆得乱七八糟，而另一旁有两桌人正在搓麻将。[1]

在世界各国的案例中，参与式预算的邻里会议有开设在教堂中也有

---

[1] 志愿者日志：南昌市西湖区 2017—2018 年度幸福微实事：天灯下社区项目筛选大会工作日志，2017-01-13（第六组）。

选择在学校场所，但是麻将桌旁的筛选大会也仅南昌一家。南昌市参与式预算所在的西湖区是南昌市的中心城区，也是历史文化遗迹齐聚的老城区，面积在 35.29 平方千米，常住人口约 53 万，辖内有桃花镇及 11 个街道，设 13 个行政村、132 个社区居委会和 12 个家委会①，密集的居委会设置以及辖区内的老旧小区和曾经密布在西湖区的"单位"有关，这些社区处在商业密布的繁华市区，却往往年久失修，配套的基础设施薄弱。同时，西湖区财政收入 89.4 亿，总量占江西省第二，税收占财政总收入的比重为 94.2%，列全省第一，因此西湖区也有实行参与式预算项目的资金保障。从 2016 年开始，西湖区政府针对老旧社区的治理，实行了一系列创新型举措，包括在全区广泛建立社区邻里中心，针对非法集资进行网格化管理，参与式预算也是在此基础上作为社区治理和服务创新的亮点被引入进来，在增强公共参与的同时借由参与式预算的机会改建老旧社区的诸多问题。这种制度创新，实际上是地方政府在治理危机下的应急反应，利用层级的官僚体制快速集中体制内资源，自上而下进行动员，而协商民主所强调的公民自由表达的意志，却并不是那么重要。作为基层政府的延伸和居民自治组织的结合，社区居委会主持了具体的日程事务，而居委会主任常常将个人意志置于规则之上：

（问）：主任，这份汇总表的项目是经过初始项目合并后的吗？如果进行项目合并，那为什么每个项目的提议人数只有一个呢？也没有具体实施地点？

社区主任：这些项目都是经过合并的呀，我是在合并后的项目中挑选出 50 个放在这里，再说了，怎么可能把所有项目都放到这上面来呢，

---

① "走进西湖"，详见南昌市西湖区人民政府网站。

我就挑选了一些我认为可以实施的。①

在这个案例中,尽管参与式预算的流程设置是要尊重全体公民的初始提案意见,政府对于初始提案只有合并没有删除的权力,但由于居委会在其中扮演了协商的中间者角色,他(她)可以随意选择自己认为"可以实施"的项目,因此公民的意见在此处是被"消声"了的。在过于强大的国家组织面前,又因为参与式预算借助的仍是国家设定的场域,因此当公民社会基础条件薄弱时,参与式民主中的公民参与就是依赖国家的"恩惠",公部门工作者的意愿被强加到群众之上,又如,在筛选大会中有:

"好,我们先来看项目一,开展邻里友爱活动,大家觉得有什么问题吗?"桌长用尽力气说道,"如果有问题,大家可以写在便笺上,然后贴到相应的海报上。"一位老爷爷认真地看着项目表,嘴里不停地说着话,然后在便笺上写了一些东西。这时,社区主任过来了,急匆匆地说道"这是有问题写的,没有问题就不要写"。话音刚落,就把老爷爷写的便笺纸给揉成了一团,并对桌长说,"不要写什么问题"。这正好印证了先前社区主任对我们志愿者所说的,"居民最好不要有问题,懒得贴。或者有问题也可以让他们变得没问题"。在社区主任眼中,走完流程不出差错就是最好的了,至于项目这些不用考虑。②

协商民主发展的前提是一个高度多元分殊且资源丰富的公民社会的存在,协商民主的工具性意义是在这些价值中形成偏好。参与式预算制

---

① 志愿者日志:南昌市西湖区 2017-2018 年度幸福微实事:天灯下社区项目筛选大会工作日志,2017-01-13(第六组)。

② 志愿者日志:南昌市西湖区 2017-2018 年度幸福微实事:天灯下社区项目筛选大会工作日志,2017-01-13(第六组)。

度的建立本身是想处理两个问题,首先是沟通连接公民各色的需求,其次是将输入转化为实质性的输出。因此筛选大会的目的是整合社区内的优先公共事务,居委会充当的是"预算代表"的职能,作用是协助在地偏好的形成。而在南昌的案例中,主权链条是短平快的,筛选大会的时间由街道或区民政局来拟定,尽管上级部门也下发了详细的流程,但是社区内筛选大会却难以在实际的协商会议中,发展出自己偏好的形成能力,参与者根本没有太多机会来协调彼此之间的不同利益和需求。这种偏好的形成过程,没有留给提案创新太大的空间,反而容易围绕居委会的私人利益,形成狭隘的在地需求,除了被邀请进来参加讨论,并没有其他选择。也就是说,公民沟通的权利仍然受制于国家权力。因此南昌市参与式预算在进行两年后展现出疲惫的状态,一是来自组织方意识到参与的成本高昂,组织数量巨大的会议消费太多精力;二是在花费数小时的筛选会议中公民没有得到实质性公共参与的回报,积极性有所回落,参与的障碍与对政府的幻灭感结合在一起,进一步阻止了公民自主、积极的参与行为。但是,在这种情况下,南昌市参与式预算仍然维持了世界上最高的参与式预算投票率,形成一种参与的矛盾。

第三节 运动式参与:一种特殊的集体行为

在中国地方政府的预算创新中,南昌市参与式预算并不是最受媒体瞩目的,但南昌市的做法却带有典型的中国治理特色,它属于外部精英所倡导的政策试验,在政府的倡议下启动,解决的是地方公共资源的分配问题。但是，这种旨在促进社会参与的试验对于国家政策的制定只是起到补充作用，社会参与是临时性和有选择性的。推动南昌市参与式预算的专家组希望它能够长期运转，但如果试验项目不能给地方官员带来实质性好处，改革成功的概率就会下降。而当地方官员基于自身的政治需求和行为惯性来主导参与式预算的进程，尽管参与式预算被扩散开来，并与社区自治相结合，但是在参与的深度和参与的有效性方面仍有很多不足，仅保留了参与的广度。在本章前两节，本研究说明了南昌市参与式预算的国家背景以及自身的流程和特色，南昌市参与式预算的投票率目前名列世界第一，那么极高的投票率是否带来高度的政治参与以及公民回报了呢？参与式预算所建立的层级式会议和公众讨论在中国的语境下被作为基层协商民主手段的运用，在这一过程中居民和国家的关系有没有发生改变呢？

一、地方治理格局与协商民主

中国参与式预算是基层协商民主实践的重要体现，但是有别于西方对于协商民主和选举民主的讨论，中国参与式预算更多凸显了协商民主与基层公共治理之间的关系。依照结构功能主义的讨论，协商民主的创新源自地方政府在面临与公民之间压力时的主动行为，目的在于提升政府公共决策的正当性和科学性[1]，提前化解潜在的社会冲突以及培养公民理性对话和参与的能力。这就决定了中国参与式预算尽管在形式上与国际通行做法一样，但仍有实质性差异，差异在于中国参与式预算的动力来源是深化基层政府的合法性政治空间，而衡量中国参与式预算的有

---

[1] 郎友兴.中国式的公民会议：浙江温岭民主恳谈会的过程和功能[J].公共行政评论，2009，2（4）：48-70，203-204.

效性依托的是现行地方治理格局的整合能力和适应性,而不是经由参与式预算改革既有的权力结构和利益关系。从这个角度来分析,参与式预算给公民的社会性赋权并不能威胁或削弱地方政府的政治权威,反过来,参与式预算在公共治理绩效方面的成就会提升现行制度运行的合理性。

参与式预算在中国协商民主实践中最大限度地保留了协商民主的内在偏好,即由民众直接参与预算的分配方式、聚合偏好表达和理性协商。在对中国参与式预算的分析中,有学者将党政主要领导和富有创新能力的政治企业家作为权力中心①,这固然是重要的特征,但并不是中国参与式预算的独创性。与其他国家相比,中国地方治理格局中党政机构的条块组织和科层运行对于决定参与式预算带有极强的动员色彩。因此,将动员的程度和能力作为一项分析要素,而动员的程度和能力主要依靠的是制度上的设计,包括给予各级部门积极和消极的刺激。当研究来比较公众在实践中的参与以及最后的决策层次,必须考虑到各方行动者正式和非正式的行为以及彼此之间的互动,这包括参与式预算中项目的竞争性、公民社会的聚合度和行动者之间相互的配合。只有制度上的设计并不能保证最终的结果,在参与式预算的整个流程中,政府部门、社会组织和公民个人的互动也将决定参与式预算的成效。

从制度主义的视角来看,本研究强调社会治理中的政治设计,并不是认为政治体系决定一切,而是认为国家和社会关系在一个互动的格局中,国家制度和公民社会一样重要。从社会的角度来看,从被管理到自我参与,是一个"自治"的过程,其中,通过参与式预算,社区作为

---

① 何包钢. 协商民主和协商治理:建构一个理性且成熟的公民社会 [J]. 开放时代, 2012 (4): 23-36.

自治机构，社会组织作为公民社会利益的代表以及街道作为最低一层的国家政权在提案和投票过程中既相互协作，又彼此竞争。在南昌市参与式预算中，地方政府是项目的运行主导方，试点街道根据自身特点制定具体实施方案，参与式预算借助国家的力量渗透到居民的日常生活里。特别是在组织动员提案环节，基层政权扎根在社会中的人情网络和权威都发挥了巨大的作用。而对于居委会，尽管其身份介于群众自治和政府部门末梢的地位，实际上承担了繁重的政府工作任务，是国家和社会力量之间的组织载体，也是参与式预算能够进行的执行主体。因此在评估南昌市参与式预算绩效的时候，组织激励包括给予社区居委会直接或间接的刺激，这将决定参与式预算的制度化和延续性。同时，在参与式预算的试点街道中，参加的社会组织既包括社区内的艺术团、老人协会等兴趣团体，也有像校友会这样外来介入的社会组织，但是在目前的制度环境下，他们往往依附于基层政权，形成共生性庇护关系（symbiotic clientelism），并作为社区建设"锦上添花"式的存在。在参与式预算的过程中，这些社会组织可以代表自身和"社会"的利益提出项目建议，丰富了他们作为基层社区利益代言人的身份。因此，参与式预算以其分权式的沟通和富有弹性的管理，将区政府—街道—社区—社会组织—居民联合起来形成流动性的合作关系，扩大了公共参与也整合了既有体制。那么在这种"放权让利"下的参与式预算，公民参与公共事务以及角色又有怎样的变化呢？

二、决策—协商模式与社区自治的结合

南昌模式的典型性，并非是它做到了公民实质性地参与，而是它更能够从现实出发，与基层政府的需求和目标契合发展，从参与式预算强调的一种决策—协商模式走向与中国特色社会主义治理现代化下的社区自治相结合。而这些的基层治理与西方学界论述的不同，是对政权合法性、稳定性以及有效性的追求，首要目的在于维持政治秩序。

参与 2017—2018 年度南昌市参与式预算的两个街道，投票率都超过了 50%。究其原因，既与参与投票的条件设置放宽到 15 周岁，且只要居住生活或工作在辖区内的人都可以投票的制度设计有关，也与投票时间恰值春节前期，老城区因采办年货等人群密集有关，更与科层官僚积极动员的结果有关。在投票前期发生了这样一段对话：

街道办事处主任：×××，您是参与式预算专家，我想知道咱们这个投票率达到多少为好？

L 教授（南昌市参与式预算专家顾问）：参与式预算的好跟坏不是由投票率决定的，你去动员你街道的人都来投，投得越多越好，但一定告诉各居委会，不能让他们代填，也不能让人重复投票。

街道办事处主任：这个我们没干过嘛，怕跟上头不好交代，您能说一下国外大概是多少吗？

L 教授：从我们掌握的数据来看，国外最高是 8%，你可以按照你的常住人口来算，而不是户籍人口。

街道办事处主任：好，那我知道了。①

在实际操作中，由于一个街道事先咨询了专家意见，得出参与式预算并非追求高投票率的结论，因此在投票周前期采取"放任"的措施。而另一街道在此之前已经下达了各居委会一定要完成 50% 投票率的硬性指标，采取晚上流动票箱入户，早上在商铺门口集中投票等高动员措

---

① 研究访谈（南昌市西湖区 2017-2018 年幸福微实事工作会议记录），时间：2017 年 2 月；地点：西湖区广润门街道办事处二楼；对象：街道工作人员。

施，于是在一开始形成巨大差异。两个街道的投票率每日实时上报给区里的民政局汇总，在对方压倒性的竞争态势时，原先放任的街道也采取同样的措施追赶投票率，最终经过一周的时间，两个街道的投票率都达到了50%以上。这个细节反映了在中国参与式预算中，次级治理体制和正式制度一样，都是由多元行动者、多元利益目标所组成的复杂整体，当它在接受并消化一项新的制度改革时，次级治理体制的规则只是一种约束，而与既有官方意识形态和政治要求的结合才是根本要素。这也就意味着，尽管在同一套以"赋权"为目的参与式预算中，所塑造出来的制度空间是务实性的，制度经由公共部门与私人行动者的组合改变，被一次又一次地重建。①

根据何包钢教授对于权威协商（authoritarian deliberation）的定义，中国式协商民主实践是将改善治理绩效放在首位，其次才是确保公正、公平地讨论。从南昌市参与式预算的启动和运行过程来看，地方政府分享的是预算，但充其量只是预算权力所带来的责任，而不是预算决策权力本身。因此中国参与式预算最终也是被融合进正式的制度内，以南昌的案例为典型代表，融入社区自治的框架中。

在南昌市参与式预算第一年的运行中，参与式预算设计了两张选票，搭建了两级讨论的层级，即街道层面的项目和社区层面的项目。两层级的资金设计既是考虑到大额项目和小额项目的区分，更深远的意义在于理论上只有街道层面的项目才能被纳入预算的范畴②，但是当地民

---

① SABEL C. Bootstrapping Development: Rethinking the Role of Public Intervention in Promoting Growth [R]. Protestant Ethic and Spirit of Capitalism Conference, Ithaca NY: Cornell University Press, 2004: 7.
② 项皓. 全民提案与全民决议：海口美兰区参与式预算的制度创新 [J]. 兰州学刊，2019 (5)：45-56.

政部门对此做法不以为然，也没有太大的兴趣。而在第二年取消了街道层级的项目后，当地政府的积极性不降反升，并且在第三年更是提出了"小区治理"和"楼道治理"的理念，也就是将参与式预算的层级一再降低，从街道到社区，从社区到街道，最终是为了将其结合到社区自治层面，这反映了参与式预算的工具意义被看中，也增加了它对体制的适应性。参与式预算所代表的协商民主的解决方式，有助于化解居民之间的矛盾，以及居民和社区自治组织之间的矛盾。因此，综合各方面的因素来看，尽管南昌市市参与式预算中，公民自主表达的需求被压制且被中介机制处理，但是参与式预算制度本身仍是能够嫁接到既有的正式制度当中，并体现制度化的趋势。而南昌市参与式预算从提案到投票环节展现出来的积极性，虽然是经由科层官僚的动员，但结果是在短短几年间让参与式预算为更多居民所认知，并吸引更多人的参与，是动员政治的代表。

三、小结

南昌市参与式预算是中国特色社会主义制度建设的一部分，政府相关部门（民政局、社区管理中心）公共部门的主导印记非常浓厚，等协调街道和社区参与的进程。也就是说，制度化的参与的渠道是公共部门自主建立的，个体公民参与决策要依赖于政府之间既有的关系网络，从上到下的官僚意志起到决定性作用。但由于中国社会主义的优越性，始终坚持人民的主体地位，因此公民参与国家政治生活也是社会主义的应有之义。

首先，国家意志是地方推行参与式预算的关键。一方面，中央层面对于协商民主的重视，强调加强社会主义协商民主建设，对于保障人民当家做主、彰显中国特色社会主义民主政治独特优势有重要的意义。在手段上，治理重心下沉到基层，参与协商过程中的平等性、责任性和回应性，能够包容不同的利益诉求。另一方面，中央对于参与式预算虽然没有明确的指示和建议，但是以温岭为代表的民主恳谈以及以海口为代表的全民投票做法都得到官方的认可。因此在属地管理下，各地方省市对于参与式预算持正面的态度，同时能够结合各地不同需求发挥能动性。这也是为什么中国参与式预算相较于其他国家，内部呈现出更多的不同的原因，但这种不同只是形式和做法上有区别。当然，参与式预算在各地的绩效，影响国家与社会关系的水平方面，虽然也有差异，但并不是本质的不同。

其次，地方政府的选择也至关重要，从初始选择的政治机遇条件来看，南昌市旧城区的改建工程一直是一项难题，采用参与式预算是想要通过制度型创新解决基础建设问题，同时推动基层社会治理发展，深入推进社会建设工作。南昌市西湖区的政府领导作为提供公共服务和制定政策的主导者，他们的意愿和推动的决心是关键。南昌市参与式预算利用组织推选大会以及动员全民投票，形成广泛而多层次的沟通，也彰显了在社会治理中协商民主的独特优势。

在资金方面，南昌市参与式预算以街道和社区为单位，街道办事处和社区委员会承接由上级部门分配下来的社区发展类资金。因为参与式预算主要用于老旧社区的更新和改造，因此也有部分单位的集体资金，虽然在试点过程时能够保证票选节目实施"上马"，但负面影响是，使得参与式预算的资金并不能够得到长久的保障，也无法拿出更多的钱用于激励社会组织和负责动员的社区居委会。长此以往，不仅参与式预算的制度化可能会出现问题，公民参与的积极性也会受到影响。

因而在公民社会的层次上，一方面，南昌市参与式预算引导社会组织扎根社区，强化了社会组织和街道以及民众的关系，实现"政府治理和社会调节、居民自治的良性互动"（十九大报告）。但是南昌当地公民社会仍然是高度依赖于地方政府之间的个人（侍从）主义纽带，公民社会组织想要发展，还是要借助组织者个人与官员的私人连接将公民的需求传递给政府，以及从政府那里获取相应的发展资金。① 南昌市参与式预算有浓厚的运动式治理的特色，街道和社区的工作人员会通过入户以及组织各种形式的文娱活动吸引民众的注意力，因此，尽管南昌市参与式预算的提案率和投票率在世界范围内都是最高的，却难以保证公民参与的志愿性。

根据影响南昌市参与式预算的因素分析，可以深入探讨参与式预算在当地带来的改变，根据研究模型，分析的主要单位是公民在参与式预算中的角色定位以及公民意见与正式制度规则的联系。在没有引入参与式预算之前，南昌市的居民很少有机会参与到社区公共事务的决策中，参与式预算的引入首先让居民对本社区以至于本街道的状况有了一个通览性认知。其次，原本对于社区事务非常娴熟的街道干部和社区工作人员则借助这个机会为自己的街道和社区争取更多的改善。南昌市参与式预算是经由从上到下详细设计的结果，因此不存在与正式制度之间的冲突，反而，参与式预算取代了之前预算制定"一言堂"的局面，通过层层的社区会议和街道会议，让政府倾听到更多民间的声音，真正实现民众提意见政府来实施。另一个衡量的指标则是公民的定位，由于公民

---

① 研究访谈，时间：2019-10-15；地点：南昌市西湖区堂屋里公益服务中心；对象：堂屋里服务中心工作人员；引文："我们组织运行的资金一方面是壹基金，工资另一大头是政府拨款。"

的参与需要过分依赖中介，作为中介的社区工作人员出于官僚系统的惯性又常常在实践中掩盖了公民在推选大会中的表达。除了公民个体，公民社团的活力也受限，公民社团一种是社区内组织，它们的发展严重依赖于本社区的工作，它们结合的方式也是基于目的而非自愿。另一种是外来型的社会组织，它们开展活动也必须有相关部门的指导或报批。因此，民众的角色并不是自由的，南昌市参与式预算也没有改善地方国家与社会的关系。

南昌市参与式预算体现了在中国特色社会主义环境中，源自西方的参与式预算也可以发展，并且可以结合自己的需要注入新的色彩。但是，南昌市参与式预算的案例也提醒那些高度迷恋参与式预算的学者、实践者和公民在投身国家事务的过程中，仍然会受到政治制度环境的限制。公共参与并不是短时间内累积大量的人力和社会资本，而是让这些透过实践缓慢地释放。如果弱势群体一时无法投入国家活动，并不是因为他们缺乏意识或技能，也可能是因为参与的成本过高或阻碍过大，高度的政治动员形同强迫，反而会掩盖真实公民社会的活力。

第六章

预算参与的模式：基于三地的比较

根据对三个城市参与式预算全景式的描述和分析，本研究认为，参与式预算是精心设计的产物，目的在于将人民的意志转化为政府的行为，因此，参与式预算有着复杂的制度安排。在针对某个城市的具体个案时，本研究发现，尽管参与式预算设计之初都有着参与式民主的愿景，其流程的设置和运作也尽力围绕这一目标，但最终在各地呈现的结果却有不同。在本章节，本研究将综合这三个城市不同的制度框架来检验参与式预算的有效性，阿莱格雷港、纽约和南昌究竟各自采取怎样的措施来形塑民意的偏好并保障主权链条的完整，将民意传递到政府的预算项目上。最终，研究将评估，在这三个城市，参与式预算的设计和实践究竟有无改变地方上国家与社会的关系，如果有变化，那么这种变化又呈现怎样的趋势和特征，塑造了何种形式的预算参与模式。

第一节 民意偏好的形成

本研究在理论部分陈述了参与式预算作为参与式民主的产物，尽管在实践过程中采取了诸多协商民主的手段和措施，但是与协商民主并不十分重视结果的输出不同，参与式预算由于最终直接和预算挂钩，加总并呈现民众的偏好就显得非常重要，这也使得参与式预算避免了那些对"廉价的谈话"（talk can be cheap）的指控。总结阿莱格雷港、纽约和南昌的参与式预算，在凝聚民意的过程中，主要采取去中心化、嵌套式的公共论坛和辩论，以赋予公民在市政治理中直接的角色，同时为了保证效率，预算代表的职责也保证了决策的水平和速度。

一、去中心化的背景和策略

对公共参与持怀疑态度的一个最普遍的理由就是认为贫穷的群体或弱势阶层没有能力和兴趣来参与政策制定，这也是以熊彼特为代表的精英民主理论主张将复杂的社会问题交由代议民主解决的原因。而参与式民主直接否定这种前提，在参与式民主看来，论述民众的攻关能力不足不过是将决策权从民众转移到精英手中的借口。参与式预算的一个基本特征就是召开去中心化的会议，且为了保证深度而大规模的公共参与，本研究所考察的三个案例，在制度的包容和激励下，公民参与的能力都展现人们能有效地参与地方事务。

在这三个案例中，城市与中央层面的分权都是参与式预算产生的前提，分权本质上是增强政府能力的多方面过程。从世界范围内来看，参与式预算大多停留在地方事务上，其中城市拥有预算权，且负责提供相应的社会服务，是参与式预算发生最多的层级。三个案例背后所在的国家，巴西、美国和中国，都没有从中央（联邦）层面推行参与式预算的法律或鼓励性措施，因此三个城市都是基于自身特定的脉络来制度化人民直接参与公共事务的渠道。其中，巴西的民主化或者说民主去中心化（democratic decentralization）是阿莱格雷港实行参与式预算的重要背景。民主去中心化将越来越多的公共事务转移到州或者城市，地方与州也因此从联邦层面获得更多的财政自主权，并需要对自身的社会服务状况自负盈亏。巴西的民主去中心化不仅是新宪法层面的分权，同时也是社会运动在地化的产物，区域精英特别是工人党在巴西南部的发展为阿莱格雷港进行参与式改革提供诸多可以借鉴的手法。区域精英在正式制度层面的努力的最终结果，是工人党作为反对党赢得选举，这为参与式预算的实行开启了"制度之窗"，标志着政治机会的重组。在美国，以纽约市为分析对象，本研究观察其"革命性公民在行动"参与式预算发生过程。事实上，美国的预算去中心化也是从纽约开始的，这为后续预算参与的进一步发展提供了可能。美国建立之初，预算权被归为立法权的管辖范围，各级州政府都需要到国会要钱。20世纪以来，由于城市化进程的快速发展，地方公共支出的急剧扩大，使得以纽约为代表的主要城市开始建立公共预算制度。纽约市的经验后来扩展到州和联邦政府层面，一定程度上重塑了美国的政府结构①，也保证了在市级层面，预算在立法和行政层面的分权，使得议会能够更加代表人民的意志。中国参与式预算在地方城市的出现同样有去中心化的背景，一般认为，中

---

① 高新军. 预算民主，重塑美国政府［J］. 中国改革，2008（10）：23-26.

  <<< 第六章　预算参与的模式：基于三地的比较

国由于庞大的国土和治理规模，中央集权式的统治不可避免地会导致中央决策与地方政策执行的矛盾，权力集中和有效的地方治理间存在紧张的关系。改革开放带来的经济发展和收益正是由于一系列分权措施所产生的，以特区的设立、两税制的改革为代表，分权带来了不同的效应，推动了中国不同地区的经济发展，尽管这种分权，可能是一种不均衡的分权形式（uneven implementation of decentralization）。不仅在经济方面，分权也体现在中央政府对地方治理创新的鼓励上，因此像以南昌为代表，非沿海地区且缺乏改革传统的内陆城市也能够借由地方自治的概念，启动参与式预算。所以，综合来看，阿莱格雷港、纽约和南昌的参与式预算，都得益于国家层面的分权措施。

  同时，这种去中心化，还体现在参与式预算制度设计内部的分权。这里，三座城市的做法则呈现不同的表征。阿莱格雷港作为参与式预算的首创之地，是以重新划分城市来协调每个区域的邻里会议，这是一场大规模的包容性参与实验，体现了参与式预算在阿莱格雷港是作为"激进化民主"措施的初衷。这种做法强烈依赖于行政部门的协调，数以千计的会议才得以举行。在这个过程中，阿莱格雷港还创造性地发明了"游览大巴车"等活动，让不同区域的民众了解城市全方位的需求。这些措施背后的目的，在于让人们"走入街坊来提出计划"（go inside the neighborhoods to make plans）[1]，"短平快"地收集民众的意见和偏好。与阿莱格雷港做法不同，纽约和南昌的参与式预算分权方式则借用既有的行政区划，在纽约，是以选区为单位，在南昌，是以街道（社

---

[1] BAIOCCHI G, HELLER P, SILVA M K. Bootstrapping Democracy Transforming Local Governance and Civil Society in Brazil [M]. Redwood: Stanford University Press, 2011: 87.

区)为单位。纽约市参与式预算兴起于议员的个人选择,以选区为单位体现了初始动机,议员在选区内的相对自主性也使得参与式预算带有更多的区域特色,更能照顾到弱势群体的利益。以选区为单位还体现了预算分权的总体思路,从联邦到州,从州到市,从市到议员,议员是握有预算权力的最小单位。中国也是如此,由于街道是行政区划中掌握预算权的最基本单位,因此南昌市参与式预算必须设置街道层级的项目。同时,南昌市参与式预算还是地方自治的体现,因此从街道细分到社区甚至到小区,公民参与的规模一步一步被细化。

无论是这三个城市的去中心化背景还是去中心化的执行策略,共同的作用是降低了公民参与的门槛,使得公民可以不必跨区域地参与公共事务。这种做法还增进了公民参与的积极性,因为项目利益直接涉及自己所在的区域。从民众偏好的聚合和形成来看,这种设计更深层的考虑是直接将公民拉到前台,而不必仰仗公民社会组织的参与,使得参与过程更加直接和透明。

二、嵌套式论坛的协商

在本研究的三个城市中,阿莱格雷港参与式预算历时半年多,纽约市参与式预算周期近八个月,南昌市参与式预算是最短的,也要花费四到六个月的时间。其中,嵌套式论坛的设计被用来实现公民实质的参与,在这些活动当中,公民有充足的时间公开地论述和展示自己的需求。一方面,这种嵌套重复式论坛的设计能够吸引广泛的居民参与进来;另一方面,这样借由扩大参与者范围的设计,可以最大限度地公开参与式预算的过程,降低精英掌控的可能性。参与式民主的相关文献也

<<<　第六章　预算参与的模式：基于三地的比较

证实，制度的设计可以塑造公民参与的规模、品质和影响力。① 三个城市有不同的地方脉络，在协商言说场所的组织上各自都有不同的积极做法。

在阿莱格雷港，由于参与式预算引入了新的区划，决策的权力被转移到行政区会议中，这种设计能让民众直接介入和处理地方性事务，但是难以形成全市范围内的公共政策。因此，在大规模邻里会议实验之后，1994年阿莱格雷港引入主题性会议（thematic council）用来处理部门层次的议题，比如，在主题会议上讨论市级的饮用水或学校问题。在最初的运行规模中，阿莱格雷港有16个地区性邻里会议和5个主题性会议，两个类型的会议讨论的提案同时都进入市府的预算会议（municipal budget councils），用来平衡地方层级的需要和更广泛层级需求的关系。而不论是邻里会议还是主题性会议，都不是一次性形成提案，也要经过反复地协商和沟通，确保协商的品质，达至参与、平等和公共取向的标准。由于市级预算委员会的成员包括每个行政区选出来的两名，这样代表可以将主题会议上讨论的资讯再次返回给他们各自行政区的居民，让居民优先决定计划的执行顺序。这样的嵌套反复过程就保证了各行政区人民能够了解彼此之间的需求，照顾区域和主题性的项目。阿莱格雷港的经验推广到全球后，世界银行等组织也相继学习了这种部门预算（department budget）做法。

纽约市的做法则更加趋近于扁平化，纽约市发展了两种嵌套式会议，即邻里会议和预算代表会议，这种做法是加总非正式意见和正式的预算提案。邻里会议主要照顾的是参与的广泛性，因此趣味性较强，并

---

① FUNG A, WRIGHT E O. Deepening Democracy: Institutional Innovations in Empowered Participatory Governance. London: Verso, 2003: 6, 10-12.

且最大限度地降低了参与的门槛，吸引少数族裔、青少年和老年人口的参加。在邻里会议头脑风暴中形成的提案也比较草根，往往是民众迫切期待解决的问题，预算代表也会参与到邻里会议当中。预算代表会议同样是为了解决更广泛层面上的项目。预算代表被分为几个小组委员会，一般有交通、公共安全、教育、公园和娱乐设施、图书馆以及住房六种主题。预算代表会议就邻里会议形成的初始提案进行讨论，基于预算代表的专业性，他们定期与市府保持沟通。同时预算代表也会与提案的提议人进行商讨，确定项目的实施地点，考察项目的实行条件。目前纽约市已经通过全市层面进行参与式预算的票选公投，在拟定的未来执行方案中，也要就全市级层面或是跨选区的项目再组织会议，将嵌套的层级进一步延长，以保证每个区域涉及有关项目的公民都能够被吸引进参与式民主的进程中。

南昌市的做法和纽约市较为类似，比纽约市做法更进一步的是，参与式预算在设计之初，就分配了街道层级的资金和社区层面的资金，征集提案时居民可就街道和社区提出自己的项目构想。南昌市参与式预算也设计了街道层面的推选大会和社区层面的推选大会，并设计了两个层级的选票。在实际操作中发现，居民对于自己周边相关联的事情一般比较关注，但对于街道的概念不深，对于提出街道层面的项目比较困难，因此征集而来的提议表中，民众对于所提的街道项目和社区项目常常类似。因此南昌市参与式预算具体做法上，街道层次的项目有三个来源：一是社区项目中普遍受到关注的，几乎各社区都有，可以考虑上升为街道项目；二是社区项目额度过大，分配给社区的资金无法承担的，街道可以承接过来；三是包括个人和机构在内，街道办事处的相关部门也可以提出相应的提案。街道层次推选大会的组织形式和社区推选大会一样，这样保障公民参与的有效性。南昌市参与式预算在嵌套会议的做法上还借鉴了之前海口美兰区参与式预算的经验，即采用"两上两下"的设置①，也就是说居民原始的提案会进入街道相关部门审议，初步筛选并合并（但街道没有删除的权力），经过推选大会投票出优先次序后会再次送交相关部门予以配额。这种策略性的安排打通了政府专业性和民众广泛性之间的隔阂，能够保证协商产生实质性的结果，也有利于后续执行工作的展开。

综合三地的经验来看，尽管参与式预算大量的时间都花费在嵌套式会议的协商工作中，但这种安排正是参与式民主的精髓。参与式预算是一个经由反复的公共讨论得出决策的过程，扭转了之前由庇护主义、议员或是政府做决定的方式，在象征意义上，是与过去决裂，将政府预算决定权直接交给民众。在这个过程中，为了保证高效和专业，三个城市又都创造性发明了自己的解决方式。嵌套式协商更深层的意义在于，参与式预算和参与式民主意味着公民教育和公民学习的过程，正是在反复的会议和开放的讨论中，民众的意见形成、组合并排列出优先次序，这也是理论家所褒扬参与式预算能够培养公民的民主能力的体现。

三、作为中介的代表机制

最理想的参与式预算的形态，事实上是混合了直接民主与代议民主的参与式民主形式，② 参与式民主并不旨在取代选举民主，在多数国

---

① 项皓. 全民提案与全民决议：海口美兰区参与式预算的制度创新 [J]. 兰州学刊，2019（5）：45-56.
② BAIOCCHI G, HELLER P, SILVA M K. Bootstrapping Democracy Transforming Local Governance and Civil Society in Brazil [M]. Redwood: Stanford University Press, 2011: 104.

家，预算参与最终的授权单位仍然是立法机构。在总结偏好形成过程中的设计时，本研究特别关注预算代表这一中介（mediation）机制，因为参与式预算本质上是为公民和政府之间提供一个传送的纽带。而中介就是在特定情境中表达偏好的设置，预算代表不仅连接公部门和民众，也会在民众之间传递信息，是偏好形成的重要环节。

在阿莱格雷港，工人党开创性地发明了选举预算代表的方式，这也体现了阿莱格雷港参与式预算最初是要构建新型的权力管道，与代议制并行的设想。同立法机构代表一样，预算代表的选举也是基于新划分出来的行政区域，这些代表的责任是在本行政区内动员民众的参与，同时将地方的需求导入市政当局，保证两者之间的沟通。在个案分析中研究观察到，尽管这些预算代表是没有收入的，但是他们构建了一个结构性的中介体系，角色与政府官员无异。在这套制度运行之初，每个预算代表都抱有积极参与的态度，提出各自行政区的优先需求，同时还需要对抗来自市议员的敌意。但是随着时间的流逝，参与式预算在阿莱格雷港的地位由反对派的明星工程转变为执政党的政绩再到反对派的遗留产物，预算代表的职能和地位也发生大的改变。起初，预算代表通常是社区的运动领袖，不得连任，但是在逐年的预算计划中，预算代表的专业性和功能性得到体现，他们逐渐成为全职参与行政事务的志愿者，这就使得原本社会运动的领袖慢慢成为行政部门的附属品。阿莱格雷港对于预算代表的依赖性根本上是因为对预算代表作为"专题民代"（thematic representative）的定位，因此尽管参与式预算造成当地庇护主义的中介失去牵引力，但是预算代表成为新的中介渠道。对于预算代表来说，他们兼有社区运动领袖和政府部门宣传者的双重角色，给一般公民造成普遍的困惑，使他们模糊了参与式预算和社会行动的边界。因

178

此，在阿莱格雷港参与式预算的发展中，预算代表的职位逐渐被固定，他们的作用更多地依赖于政府而不是民众，在失去原有代表性的时候，也无力对抗参与式预算的被取消。

在纽约市，预算代表是民众自愿担任而非选举产生的，选区民众都可以报名参加，为了保证预算代表的专业性，由市府统一培训，这种志愿性更加贴合参与式民主的本意。由于担任预算代表本身要比一般的参与者耗费更多的时间，而且本身并无特殊的权力和利益，降低了精英垄断的可能性。预算代表的收获更多的是在社会资本方面，比如，借助参与式预算，和社区内的人发生更多的连接，也能够与议员办公室或议员本身建立更多的关系。这个过程中，参与式预算能帮助社区发掘"能人"，培养社区领袖。因此，相较于阿莱格雷港，纽约市预算代表在机制上的地位是被人为降低的，参与权力更多地开放给普通民众，以期改变公民公共参与的模式。以志愿行为作为预算代表，这种设置与纽约市参与式预算占预算总规模的比例较少有关，这部分将在主权链条的保持中进一步说明。也就是说，规模越大的预算参与方式，应当基于更多的合法性，而在处理小规模的预算时，自愿行动是管用的。

南昌市的做法在这三个城市中是比较特殊的，中国的参与式预算内在设计是一种"自上而下"式的逻辑，同时，南昌市参与式预算结合的是当地"社区自治"的需求。因此，处于行政末端，作为居民自治单位的社区工作人员在实践的过程中往往充当"预算代表"的职责。在对南昌的案例分析中，本研究指出，南昌市的主权链条是非常短的，不仅体现在时间上，也有居委会工作人员以行政权力阻碍居民意见的表达，因此限制了居民形成偏好的能力。所以，尽管南昌的社区居委会履行了预算代表的一些工作，比如，在政府和公民之间传递信息，组织相

179

关的会议，但是居委会工作人员并不能作为居民的代表，充其量是作为政府的代表。如果说纽约市以志愿行为替代阿莱格雷港选举代表的做法是由于选区内资源的有限，那么南昌市做法则是因为对于参与式预算的基层单位社区而言，社区没有预算，资源是外部的，社区建设依靠的是大量外部资源的注入，而不是挖掘社区内的资源。同时预算参与的进程是缓慢的，与政府倾向于"运动式"治理以及维稳的行事风格是相矛盾的，社区工作者无论是从理念、资源还是从自身的利益出发，更容易视参与式预算为一项行政任务而不是社区自治行为。那为什么南昌不能和纽约一样，从社区中自发形成能人来担任预算代表呢？这部分的原因在于居民对政府部门的"认同接纳"，即在居委会之外，以业委会为代表的社区能人等为了获取资源，也会积极地寻求体制内的合法性支持和物质资源①，参与式预算目前在南昌也是试点工作，所以为了给自己的社区争取更多的资源，尚未开展的居委会和业委会都在积极地向政府工作理念靠近。因此，南昌市参与式预算的预算代表功能造成奇特的景象，一方面，是因行政命令下达而带来的高度的公民参与，另一方面则是预算代表模糊了自身的定位，部分掩盖了居民意见，妨碍了偏好的形成。

总结来看，在衡量偏好形成部分，本研究从参与式预算制度设计中三个重要的组成部分，即去中心化策略、嵌套式论坛和中介入手，比较了三个城市不同的安排，详见表6-1。

---

① 盛智明. 制度如何传递？——以A市业主自治的"体制化"现象为例 [J]. 社会学研究，2019, 34 (6): 139-163, 245.

表 6-1 参与式预算加总偏好的设置一览

	阿莱格雷港	纽约	南昌
去中心化背景	1988年新宪法	20世纪初预算改革	改革开放之央地分权
实施单位	参与式预算分区	选区	街道（社区）
嵌套式会议	区域会议+主题会议	邻里会议+预算代表会议	街道推选+社区推选
嵌套式运作	两轮区域和主题会议	不限定次数	两上两下
中介者的产生	选举	自愿	政府工作人员
中介者权力①	高	低	中

在研究过程中，三个城市的参与式预算有不同的制度背景，同时实行参与式预算也是基于不同的目标和指向。借助对于偏好形成的比较，实际上研究可以得出参与式预算的基本特征，即一个以去中心化为导向的嵌套式会议进程，民众和他们的代表可以在这里讨论最终将被市府用于执行的预算计划。如果说，偏好形成是参与式民主的外在形式，那么如何保证民众的输入会最终成为输出将是主权链条保存的内容，主权链条的锁定将进一步保证偏好输出的有效性。

第二节 主权的束缚之链条

根据哈贝马斯对于公共领域的论述，认为公共领域影响政治领域的能力并不是基于法律上的约束力，而是基于理性程序与实质性讨论而产

---

① 这里衡量中介者权力大小是以预算代表在形塑公民偏好时的能动性，阿莱格雷港预算代表拥有后期讨论和拟定提案的权力，南昌"预算代表"能够组织会议，而纽约预算代表只能起到辅助修改完善议案的作用，因此界定为高、中、低。

181

生的正当性。① 参与式预算正是这种社团生活的体现，在研究的三个城市里，参与式预算的过程都没有法律上的约束力，但这并不意味着三个城市在主权束缚链条上是一致的。本研究所指的主权链条，指的是参与式预算制度本身如何将民意的输入实际转化为输出，这关系到公民的参与能否影响公共政策，也直接决定参与式预算的影响力。在本节中，着重考察组建主权链条中的三个环节，即参与式预算在总预算中的比重、项目决定方式和执行与监督过程。

一、预算参与的资金有效性

参与式预算享有广泛赞誉的一个特征就是它直接导向预算份额，但预算参与的实质效力和资金安排有密切的关联，其中，用于参与式预算的资金总额以及资金决定方式是关键。地方政府的财政状况也会影响进行预算参与的动力，但是一项规律总结显示，"在财政状况较困难或经济环境比较弱势的地方政府更常考虑采行参与式预算"②，因此尽管三个城市实行参与式预算的年代以及各自的经济发展状况有较大的区别，研究仍是希望在同一维度上比较预算资金的有效性。

在前文对阿莱格雷港个案的分析中，研究观察到，起初，参与式预算计划所占的比例是非常高的，1989—1990年度第一届参与式预算试验中参与者能够讨论并决议的预算额度占总支出的11.2%。20世纪90年代是阿莱格雷港参与式预算飞速发展的时期，1999年经由参与式预

---

① HABERMAS J. Between Facts and Norms: Contributions to a Discourse Theory of Law and Democracy [M]. Cambridge, MA: MIT Press, 1996: xxviii.
② 苏彩足，等. 政府实施参与式预算之可行性评估 [R]. 台湾省发展委员会编订，NDC-DSD-103-020-005（委托研究报告），2015年7月.

<<< 第六章 预算参与的模式：基于三地的比较

算过程分配的资金占政府总预算比重21%。2004年工人党失去市长职位后，参与式预算项目的投资总额占比逐年下降，同时已通过的预算项目执行率也趋于归零。2011年，经由预算委员会向市府提出265项预算计划，没有一项被执行，参与式预算完全被排除到市府预算计划之外，预算份额的降低和执行率的下降是阿莱格雷港参与式预算衰败的重要体现。阿莱格雷港参与式预算份额的下降也显示了它在预算工作中地位的改变，由决定地位转为咨询和沟通，并逐渐被边缘化的过程。作为参与式预算的发源地，阿莱格雷港的设置是要创新预算决策的途径，而世界其他国家在效仿的过程中，都很难保证占市府总资源10%的规模，从这个角度来说，阿莱格雷港参与式预算的原初设计是参与式治理的重大革新，标志了一个宏伟蓝图的出现，即让公民决定较高比例的投资项目，是一种主流化（mainstream）趋势。但是，阿莱格雷港的失败同样显示，主流化具有很强的政治依赖性，它取决于地方主政者推动参与式预算的决心，受政党轮替影响较大。只有预算资金主流化，才能保障参与式预算不再局限于某一社区内部或某一小片范围，成为一种普遍的政府预算的决策方式。

纽约和南昌目前参与式预算都是试点工程，因此选择衡量参与式预算项目资金和相关单位内预算总额的比重，统计数值比较模糊。个案分析中，研究梳理了纽约市参与式预算来自市议会的改革，纽约市议会每位议员每年有500万美元的议员分配款，因为纽约市参与式预算目前以选区为单位，议员可以自由选择用于参与式预算的份额，一般不少于100万美元。但是市议员分配款只是城市项目资金来源很少的一部分，由市议会议长办公室负责统筹，而负责纽约市全市预算安排的是纽约市预算局（NYC Mayor's Office of Management and Budget），预算主管由市

183

长任命，它的组织结构相对扁平化，按照政策领域进行分类，对接到市政的执行部门。由于市长是全市预算核准的重要角色，因此市长的承诺尤为关键，现任纽约市长白思豪在总统竞选时曾承诺要投入16.5亿万美元用于全国参与式预算中，而在他的总统竞选失利后，参与式预算计划（PBP）等其他公民团体游说他至少要在市级层面付出5亿美元投入公民参与委员会，用于纽约市的参与式预算。① 尽管纽约市级层面的参与式预算方案还在酝酿当中，但这条游说意见被写入新建立的公民参与委员会中，代表了未来纽约市参与式预算的发展方向，即打破选区的隔阂，投入更多的资金，同时资金的使用也要逐步进入制度化轨道。

南昌市参与式预算的规模也在扩展当中，第一年试点的两个街道由西湖区人民政府从有关民生项目的资金中下拨830万元，街道层面各100万元，街道下属的每个社区有30万元，占区级预算总支出不足1%。② 而到了2018—2019年度，因为取消了街道层面的项目，将资金下沉到社区，每个街道筹集的资金产生差别，其中，南站街道自筹40万元，桃园街道280万元，丁公路街道220万元，试点的镇还从集体资产中筹措了部分资金。这样的趋势是，南昌市参与式预算的资金来源更加广泛，街道的自主权得到提升，富裕的街道用于参与式预算的资金会增多，但如果街道本身较为匮乏，则面临启动参与式预算的困难。尽管南昌市参与式预算的比重较低，但毕竟是一个从无到有的过程，仍然能够激发一定的居民积极性。

根据对比，阿莱格雷港前期用于参与式预算的资金和资金占比要远

---

① SHAHRIGLAN S. Advocates Urge Mayor de Blasio to Fund NYC Participatory Budgeting [EB/OL]. New York Daily News，2020-02-03.
② 关于南昌市西湖区预算总支出的详细目录可见其政府网站公开，网页详情可见 http://www.ncxh.gov.cn/003/003003/moreinfo2.html.

超过纽约和南昌，这对应了参与式预算在三地不同的逻辑。首先，阿莱格雷港参与式预算是为了寻找一种新型的预算决策方式，对纽约和南昌来说，则是一种治理创新和公民自治的缓慢进程，更多的目的在于培养公民意识。阿莱格雷港参与式预算建立了预算代表会议，且代表是由选举产生，这种主权保障的链条在形式上通过了人民的授权。而纽约和南昌市的做法更多相当于一个预授权的范围，目前分别使用的是议员分配款和政府民生资金。也就是说，这部分资金在代议制层面是事先批准的，后续确定的过程不需要再通过议会或人大审批。最后，微观层面，三地的参与式预算都有服务类资金和基建类资金，用于阿莱格雷港参与式预算更接近常规化的预算过程，因此服务类资金占比较高，而纽约市和南昌市的参与式预算由于本身规模总量较小，更多用于一些基础设施建设方面，而服务类比重相对较少。通过对三地资金安排的对比，研究认为，在保障主权链条部分，预算的额度和它的授权方式是十分重要的，不同的政治环境对此有不同的强调，而在阿莱格雷港的案例中也显示，一个地区对于保障参与式预算主权的工作也可以是变动的，资金的使用方式更多体现的是前期目标设定。

二、预算项目的决定方式

综合全球范围内不同的预算参与项目来看，最显著的区别就是在预算项目的决定方式上。参与式预算之所以有意义，一个重要的原因在于它让民众的意见不只停留在咨询层面，而是提供制度化的渠道使得民众的意见演化成为预算项目，得以实施。在挑选比较的城市案例中，研究特别甄别了在一些国家和地区所谓的预算参与实践中，民众的意见并不能最终直接转化为项目的做法。本研究选择的三个城市所采取的预算决定方式都是投票,但我们并不认为投票是保障人民直接参与的唯一途径。投票能够最大限度地凝聚民意,但是这仍属偏好形成的方式,最终投票制度设计以及预算决定方式才是保障主权链条的关键。

阿莱格雷港的参与式预算的投票分为两种方式,一种是选人,既包括在各行政区的区域大会中选出代表进入代表会议,也包括每个行政区选出两位进入预算委员会（COP）。另一种是选项目,阿莱格雷港参与式预算的项目选择和纽约、南昌全民投票决定不同,阿莱格雷港的选项目相当于在所有项目中排列出优先次序,在第二次区域大会中,市民从十多条项目中选出三项,形成排序。此时,居民选出来的项目并不一定最后能执行,还要经过全市预算委员会的审议,审议将项目细化并形成专业的提案交由市长和市议会。市议会可以提出修改方案,但没有否决的权力,市长有否决权,如果提案被市长否决后,该提案则退回至预算委员会,预算委员会有两种处理方式,一是修改提案,二是可用2/3多数权来推翻市长的否决案。因此市政府在其中的作用是"没有投票权的协助者"（non-voting facilitator）,主要是提供专业实施方面的咨询和协助,拟定投资资源的分配标准,本身没有命令或投票的权力,无法更改扭曲人民的意志,规避了原有巴西地方政治中庇护主义的影响。在这样的流程下,选举的预算代表和普通民众的角色有了分别,预算代表需要更多的投入时间和更高的专业性,而在实施的过程中也与政府有了更多的合作。根据之前的梳理,很多预算代表都是在社区内抗争运动的领袖,当他们被代入政府中,直接的结果是去动员（demobilization）,削弱了民间的活力。因此,尽管这种预算决定方式在实践中易于操作,但为后来阿莱格雷港参与式预算的衰微埋下隐患。预算代表应与民众共享市政厅内的信息,但由于市民投票被设置在了议程的中段,提升了预算代表之于普通人的地位，产生新的庇护主义的抓手。

和阿莱格雷港的做法相反，纽约和南昌市参与式预算的投票都是最终环节，也就是说，经由居民投票的结果直接被公布出来成为预算项目，这也与两地参与式预算是取得"预授权"方式有关，即纽约和南昌的参与式预算所使用资金的合法性事先已经得到立法部门和行政机关的认可。在纽约，试点选区的居民符合条件者都能参与投票，投票前需要进行投票人资格登记，避免重复投票（但非强制）。每人每次可以最多勾选五项提案，如果有的选区设置有服务类项目，那么这个选区将有两张票，选民需要分别勾选不同类型的参与式预算提案。最终确立入选的项目，是根据投票结果从上到下以至分配的款项为止，如果有多余的部分一般做法是予以保留，多余的资金要么从议员的分配款中继续出资，要么由当地的区长或市政部门在实施过程中予以增补。在这个过程中，尽管预算代表的职责同样是在政府和民众之间传递信息，帮助民众的项目设想形成专业能直接实施的方案，预算代表并没有特别的权力，在投票中，预算代表和民众一样，在本选区也只有一次投票权。因此，纽约市预算代表除了要花费更多的时间外，依赖于他们更高的志愿和服务精神。投票是纽约市参与式预算的高潮时期，为了吸纳各类人群的参与，会设置各类便民的措施，同时照顾到残障人士以及上班族的需求。由于居民的投票结果直接能成为项目实施对象，从这个角度说，纽约市参与式预算在保存主权链条上是完整的。

南昌市参与式预算的设计和纽约做法有很多相同的地方，比如，投票是最终确立环节，投票资格认定和营造投票氛围都比纽约有过之而无不及，在细节上有更多进步。比如，为了避免民众最终选上的项目不具有可操作性，在提案之初，详细制定了七大标准，即去除不属于公共利益范畴、有其他责任主体、违反政策法规、与政府在建项目重复、超出街道建设能力、不具有技术可行性、明显超出预算限额的提案。在首轮合并剔除工作中，街道也完全按照这七项标准来安排，其中预算限额的标准是服务类项目单项资金原则上不超过 20 万元，工程类项目单项资金原则上不超过 40 万元，这样就避免了后续进程中人为操纵的可能性。因为居委会工作人员在南昌市参与式预算中充当预算代表的角色，他们本身也属于辖区内居民，因此有权提出方案，他们也可以在推选大会中为自己的方案拉票，但是在最终投票过程中，居委会工作者也只有一票，和普通居民是平等的。南昌市参与式预算中也有两次投票，一次是推选大会由参与者投票选出优先顺序，一次则是最终全民投票出结果。由于资金的限额，在最终点票环节，从高到低，超出预算配额的项目资金通常由街道承接下来。为了维护居民在来年参与的热情，南昌市参与式预算在投票结束后还会给落选项目的提案人发送感谢信和说明，在细节上充分尊重收集起来的民意。

按照这样的标准，南昌市参与式预算在主权链条保存上也是完整的，但是公示项目最终能否执行涉及主权链条维护的最后一个环节。正如在个案研究中提出的，对于参与式预算来说，承诺出资率也是很重要的一个衡量标准，如果经由投票产生的项目得到认可，但最终却未能得到实施，之前所有的努力也将作废。

三、项目的实施与监督

理论上，经由预算参与形成的项目成为法定预算之后，即进入执行阶段。在这一过程中，行政官僚通常有一定的自由裁量权，完整的参与式预算应当包括公民预算执行与评估阶段的参与，锁定前期民意的表达不会被任意修改，同时，公民参与提供的意见可以协助提升项目执行绩效和满意度。目前存在的很多参与式预算项目都流于形式（form）而缺乏实质（substance）性的内涵，公民在其中是近似参与（quasi-participation）而非真正的介入，是一种"仪式性预算"（ceremonial budget）。①

阿莱格雷港的参与式预算在设计之初有完整的监督机制，既有以预算委员会成员为主的专业监督，在来年的区域会议和主题会议上，市政府也需要向公众陈述前一年的预算执行情况、所用的收入和支出细则。为了让预算的执行被更多的民众了解，上一年度的预算方案和细节还会被编入《投资与服务计划》（Plano de Investimentose Servicos）手册中，发放给民众参考，这是展示参与式预算回应性的重要举措。但是到了2004年，区域会议和主题会议合并后，用于向民众汇报执行计划的时间大大缩短了，《投资与服务计划》也不再予以编写。这样普通人在投完票后，很少有渠道能进一步了解项目的执行情况。结合个案对阿莱格雷港参与式预算衰落线索的梳理，回应性的降低主要与当地执政党的轮替有关，轮替后的执政党在策略上排斥参与式预算。在民众丧失监督权后，预算议员和代表的监督权也逐步降低，这主要受到预算议员身份转换的影响。2007年以前，预算议员至多只能连任两次，但是2008年后重新修改的规则让预算议员可以重复连任，并且，预算议员从已经参加过或被选为预算代表的人中选出，外来人（outsider）被选上的机会大大降低。根据统计，1993—1996年间塔尔索·任罗（Tarso Genro）任内，预算委员会成员中78%都是新人，而到了2013—2016年间只有不

---

① SOPANAH A. Ceremonial Budgeting: Public Participation in Development Planning at an Indonesian Local Government Authority [J]. Journal of Applied Management Accounting Research, 2012, 10 (2): 73.

到 30% 是新人。① 预算议员代表性的降低也意味着回应性的降低，当预算代表成为亲近权力的政治中介者时，就掏空了原先有积极意义的预算委员会，重新制造了居民和政府之间的断裂。

纽约市参与式预算从议员分配款来，因此为了增强这部分资金使用的透明度，议员办公室自身和市议会都对预算项目的实施有监督权。在投票周结束后，每个选区都至少要举办一次评估会议，居民参与并表达对胜选项目的看法。议员办公室也会负责对项目全过程进行监督，遇到问题时直接反馈给市议会，市议会则统筹兼顾所有试点选区项目的执行情况，保证居民有充分的知情权。在个案分析中，研究发现，纽约市参与式预算一个突出的特点还在于邀请各类社会组织参与，因此在预算的执行和监督过程中也有市府机构联合专业的组织对过程和结果进行评估。与重视项目执行的工程绩效不同，纽约市政府更加关注的是预算参与过程中参与人员的年龄、性别、族裔的构成，以及在各个环节中人员的参与情况，这样可以在来年参与式预算的规划中进一步扩大参与的包容性。正是在学者和专业人士的分析下，参与式预算的弊端也会被发现，如获胜项目的提案人很多是属于"有钱又闲"阶级，因为他们的提案通常更合理（reasonable）和更灵活（feasible）。② 尽管从这些流程上纽约市参与式预算尽可能完整地保存居民的意见，但是由于执行主体在政府机构，因此仍然会出现"控制权"的问题，也就是说，居民只享受到了服务，但是并不对这项服务有所属权。例如，纽约布朗克斯的一个廉租房社区，为了提升社区的安全，居民提案要求增加更多的摄像

---

① 数据来源：投资计划（1993-2016），原文详见，http://www.observapoa.com.br.
② SU C. From Porto Alegre to New York City: Participatory Budgeting and Democracy [J]. New Political Science, 2017, 39 (1): 67-75.

头并且要求摄像头应该由居民掌握来对抗警察暴力（police brutality），最终，安装摄像头的提案获得通过，但是摄像头的归属权仍然属于市府当局。① 这个例子显示，参与式预算，在其主权链条最理想的状态下，也仅仅是将决策权交给民众，市府并没有让渡对社区的控制权。

在对南昌市参与式预算的国家背景分析时，研究认为，南昌市做法和以温岭为代表的一代参与式预算各有短长，温岭参与式预算激活了人民代表大会，将公众参与和人民代表大会监督相结合，形成了审查闭环，完整地保留了主权链条。而南昌市参与式预算在动员更多民众参与，以及降低参与门槛上有进步，但是由于资金的性质属于财政预算中事先被批准的民生部分，因此后续直接投入实施，未能完善人民代表大会监督的机制。同时，南昌市"幸福微实事"项目的居民参与主要是在前期预算项目的提议和决定上，对于后续项目实施中居民参与缺乏制度上安排，因此在监督与评估环节上未能有效地吸纳民众的意见。此外，因为居委会履行了部分预算代表的职责，他们作为行政体系的末端对项目的实施比较上心。"幸福微实事"项目结合了社区自治，资金的投入将直接改善本地的居住环境，因此有非制度化的监督参与。在2018—2019年度参与式预算的进程中，还设置了认捐环节，即鼓励社会企业家、人大代表等在居民提案中选择感兴趣的项目进行认购，多方位鼓励公众介入后续预算项目的监督过程，提升资金使用的有效性。参与式预算的制度也是不断完善的过程，2019—2020年度南昌市参与式预算也试图引入更多人民代表大会的力量，这也是未来发展的可能途径

---

① JONES P, PERRY B, LONG P. Cultural Intermediaries Connecting Communities: Revisiting Approaches to Cultural Engagement [M]. Bristol: Bristol University Press, 2019: 136.

参与式预算的制度比较　>>>

之一，将更加完善对民众意见的保存。

在完整化预算参与的主权链条中，资金的有效性，以及项目的决策与监督都是必不可少的环节，唯有这样，才能确保公民参与的输入会被转成输出。参与式预算的本意，是要通过决定公共预算中较少的一部分来撬动公民对市政事务的关心，也为社区开放更多介入政治的机会。在被研究的三个城市中，分别有以下的制度安排，详见表6-2。

表6-2　阿莱格雷港、纽约与南昌市参与式预算的主权链条安排

	阿莱格雷港（前）	阿莱格雷港（后）	纽约	南昌
预算占比	高（10%以上）	低	低	低
出资率	高（90%以上）	低	高	高
资金分类	日常性支出 资本类指出	日常类支出 资本类支出	日常性支出（少）大项目资本（多）	服务类；工程类；采购类
决定方式	投票	投票	全民投票	全民投票
中介	流动性强 只可连任2次	可无限连任 人员固化	无特殊权力	无特殊权力
预算监督	监督委员会	监督委员会 名存实亡	市议会、公众、社会组织三方监督	无制度化监督渠道

尽管同为参与式预算，但在不同的国家背景和地方脉络上，三地呈现不同的制度设计，那么三地的参与式预算究竟有没有对地方国家与社会关系产生改变呢？如果有，这种改变呈现怎样的趋势，本研究希望进一步评估参与式预算的影响力。

<<< 第六章 预算参与的模式：基于三地的比较

第三节　参与模式的转变：实践的公民社团生活

本研究将参与式预算视为一种人为设置的社团生活，在这个公共空间中，公民独立地思考与论述公共事务，有效的参与式预算是包容、平等、稳定以及有约束力的。研究梳理城市背后的国家逻辑和地方脉络，认为社团生活同样受到既有权力关系的影响。作为一种次级民主制度，参与式预算的设计是借助对偏好形成的维护和主权意志的保存来达至参与式民主。在理论部分，研究构建了四种不同的参与模式，本节将承接对三个城市参与式预算制度设计的分析进一步总结预算参与制度对于各地，特别是国家与社会关系的影响。这种分析的前提是参与式预算有不同的形态，公众参与是可塑的。

一、阿莱格雷港：从激进政治到傀儡政治

在这个流程（PB）开始之前，如果你的社区想要些什么，你得去找一个市议员（vereador），你得是他的朋友。当然，你需要和他做一个交易，他为你争取到改善，你回报给他以选票，去当他的马屁精（puxa saco）。现在（实行 PB 后），社会可以选择自己想要的，更加民主。

——来自阿莱格雷港南部的居民 Tomas[①]

[①] ABERS R. Inventing Local Democracy: Grassroots Politcs in Brazil [M]. Boulder: Lynne Rienner Publishers, 2000: 157.

参与式预算的制度比较 >>>

在巴西的政治生态中，庇护主义是绕不过去的痼疾，庇护主义对于公民社会的侵蚀在于，庇护者（clients）不会去建立广泛的社会连接，因为庇护主义下的关系是建立在庇护者和被庇护者的垂直联系，而不是同类之间水平的联系。① 在这种情形下，政客很少鼓励居民参与，因为普通民众的权力不大，政客只需要和一两个社区领袖搞好互动关系即可。很多学者认为，在庇护主义盛行的地方，由于这种垂直性（verticality），集体行动很难产生，因为庇护主义鼓励的是那些愿意建立私人关系、愿意接受交易规则的人，而不是那些集体向政府施压的人。② 阿莱格雷港作为巴西南部的重要港口城市，也摆脱不了庇护主义的束缚，但阿莱格雷港自身的脉络显示，它在20世纪70年代受到地方社会运动的广泛影响，活跃了众多邻里社团和社会运动组织。阿莱格雷港蓬勃的社会运动有三个主要特征，一是基于广泛的自愿，从宗教类团体到社区协会，绝大多数社会运动都是开放式的动员，居民可以自愿参加；二是这些社会运动除了在国家领域形成广泛的政治变迁外，他们提倡要有"新公民权"（the new citizenship），要求扩大公民权利，这也直接挑战了代议制的局限；③ 三是这些在地动员，以都市社会运动（USM）为代表，通过直接地参与地方政府的方式来推动民主，也推动参与式民主。因此，在这一时期，研究将阿莱格雷港的社团生活归类为激进政治，因为即便公民的表达在正式制度层面受到庇护主义的压制，但是民间运动

---

① SCOTT J C. Patron-client Politics and Political Change in Southeast Asia [J]. American Political Science Review, 1972, 66 (1): 91-113.
② GRAZIANO L A. Conceptual Framework for the Study of Clientelistic Behavior [J]. European Journal of Political Research, 1976, 4 (2): 149-174.
③ DAGNINO E. Os Movimentos Sociais e a Emergência de Uma Nova no o de Cidadania. In Os anos 90: Política e soeiedade no Brasil [M]. S o Paulo: Editora Brasiliense, 1994: 103-118.

<<< 第六章 预算参与的模式：基于三地的比较

是自主、公共以及互相连接的，这种由公民社会激发的活力也直接影响了参与式预算的出现。

在社会运动中兴起的工人党于1988年取得市长选举胜利，并在接下来的十六年中都获得压倒性票数，因此给参与式预算这项拥有"激进化民主"远大抱负的改革营造了良好的行政氛围。它的结果是在一个城市范围内建立了由贫穷公民广泛参与的透明性参与制度，同时也通过选举预算代表建立了公民社会代表（civil society representation），与过去的庇护主义做了明显的分割。从阿莱格雷港参与式预算的原初设计来看，它可以说是有效治理的典范，包括公开的流程、从结果上实现将资源重新分配、增加对贫穷社区的投入、公民和公民代表能够对政府决策产生实质上的约束力。从前活跃在公民社会中的领袖参与新的制度体系运作，并且鼓励更多平民参与其中，因为参与式预算在制度上并非激励单个社区少数人的谈判能力，而是青睐于那些能够在区域会议中有更多动员能力的社群。参与式预算创造了一种新型社团生活的模式，垂直性庇护关系的影响力被弱化，取而代之的是水平性（horizontal）的沟通和协商网络。参与式预算的正面效应在1990—2003年间被发挥到最大，它在扩展公民权的同时提升政府效能[1]，更进一步，促进政治文化的转型。[2] 和阿莱格雷港参与式预算所受到的广泛的赞誉相匹配，这一时期的公民在这一平台中的公共生活被归类为参与式政治，也是参与式民主的典范。也就是说，参与式预算作为工人党配方的核心，被放到市级治理的首位。不仅工人党推动执行的意志坚韧，而且公民参与的热情、预

---

[1] ADALMIR M. Participa o e redistribui o. Inova o democr tica no Brasil [M]. Zander Navarro, ed. S o Paulo: Cortez, 2002: 129-156.
[2] BAIOCCHI G, HELLER P, SILVA M K. Bootstrapping Democracy Transforming Local Governance and Civil Society in Brazil [M]. Redwood: Stanford University Press, 2011: 55.

195

算代表的专业性以及社会组织的活跃都提升了参与式预算的影响力。

2004年,工人党在市长选举中失利,成为阿莱格雷港参与式预算发展的转折点。丧失了主政者推动的积极性,参与式预算在市府工作中的地位一再被降低,尽管形式上仍存留了较长的时间,但是在出资率以及预算占总预算的份额上有显著下降。对于作为社团生活的参与式预算来说,更糟糕的情形是原先活跃的公民社会被行政力量"收缴"。研究将这种变化称为"参与式民主的诅咒"(the curse of participatory democracy),即群众运动经由制度性的参与后丧失自身的活力,成为遵循政府逻辑的附庸。这种改变的根源在于新的政府对于公民社会的压制,倾向于削弱而不是加强穷人之间的联系和结合。这种改变的方式是通过调整参与式预算的制度设计,具体做法包括,强化预算代表的权力,侵蚀民众的知情权和监督权,缩短层级式会议的结构等。本研究在之前探讨过,聚合偏好以及保证主权意志的完整是参与式民主的精髓,而新的改变则直接破坏公众意见的形成,并且无法保存民主提案转为输出的过程。因此,当我们用公民角色和公民意见的表达两个维度重新衡量阿莱格雷港的参与式预算社团生活时,会发现,原先构建的制度化渠道消失殆尽,参与式预算在2017年也被正式取消,而公民社会的活力也显著下降,曾经的社区领袖离开民众而更靠近政府,回退到一种傀儡政治的局面。

二、纽约:参与式政治的深化

我加入参与式预算是为了改变民主,而不是为了一些厕所和树。

——纽约市预算代表[1]

---

[1] GILMAN H R. Democracy Reinvented: Participatory Budgeting and Civic Innovation in America [M]. Washington, D. C.: Brooking Institution Press, 2016: 69.

<<< 第六章 预算参与的模式：基于三地的比较

如果说阿莱格雷港参与式预算的逻辑是"激进化民主"，那么纽约市参与式预算则是"民主化民主"（democratize democracy）。在本研究提及的三个城市当中，纽约市拥有成熟且完备的民主制度结构，公民社团活动强大，民众有诸多影响政府决策的参与途径和方式。首先，纽约市选举制度一直走在全美前列，纽约市民众可以自主选出自己的市长、市议会议员、区长、地区检察官、公益维护人、市级主计长、区级辩护人等，也就是说，民众对行政、立法和司法层级的三类官员都有选举的权利。同时纽约市还出台一系列政策及技术手段保障选民的权利，纽约市还在2019年决定要实行优先选择方案（RCV），进一步促进选举的公平性。其次，纽约市议会作为与选民连接最紧密的公部门机关，它通过的纽约市大宪章是这个城市的"宪法"。大宪章的制定和修改过程是需要召开听证会的，充分吸纳民意，确保公民是城市政策的制定者。最后，纽约市的社会组织和社会运动的强度也在美国名列前茅，作为进步派的大本营，纽约市的公民社会团体不断推动 LGBT 群体、少数族裔以及低收入者的权益，纽约市的社会运动可以直接推翻政府已经做出的决策。因此，在市政厅内外，居民都不乏多种渠道来影响政治生活，参与式预算也是在这种背景下由社会组织和议员联合发起，是一个自下而上的动员过程，也得到政府部门行政团体的大力支持。从研究的分类来看，在实行参与式预算之前，纽约的公民社会生活就是参与式政治的典型，其中，公民社会既能够自愿地沟通与组织，又能透过选举、市宪章的修订以及社会运动影响来改变公权力的运行方式。但是任何民主制度的实践和理想都有一定的差距，参与式预算刚在纽约试点的时候，时任议长克里斯汀·奎因（Christine Quinn）和市长迈克尔·布隆伯格（Michael Bloomberg）作为技术性官僚，他们对于政治性较强的参与实践没

197

有太多的兴趣。①

　　在一个负责任的民主制度下，纽约市参与式预算的目标在于深化民主，借助公民社会的强度给原先被排除的阶级赋权。作为一个移民的大都会，纽约有众多非美国国籍的居民，他们在正式的选举上没有投票权，这部分群体同时和少数族裔以及低收入者高度重叠。参与式预算降低投票的门槛和参与的成本，同时照顾弱势群体的社区，将资源分配到更多的公立学校和廉租房当中，正是为了照顾这部分群体的利益。为了维护偏好形成以及主权意志，纽约市参与式预算的做法主要有两方面，在邻里层面是借助公开的论坛和最终投票，更高一层的设计是由民众构成的督导委员会在规则制定方面的发言权。督导委员会成员的构成包括选举议员办公室代表、社会组织的召集人以及专家和学者，可以说是民间精英的结合。督导委员会从一开始就确立了参与式预算的目标是为了更广泛意义上的公民平等，以及充满包容性和赋权的公民参与。督导委员会制定规则，但把预算项目的最终决定权交给了民众。在引进南美参与式预算时，也修改了预算代表的职能和产生方式，自愿性预算代表的出现，使得参与过程的权力结构更加扁平化，促进了平等。纽约市参与式预算在发展的过程中，为了寻求更多议员的支持，倾向于和市议会有更多的合作。2013年选举过后，倾向于参与式预算的梅丽萨当选为议长，同时有21位支持参与式预算的议员选上或连任，这是一次大发展。梅丽萨和市议会的做法主要有以下几项：首先，议长承诺在市议会中增加更多用于参与式预算的人手，这些全职和兼职工作人员吸纳了之前由参与式预算计划（PBP）和社区之声（CVH）所做的协调性工作；其

---

① GILMAN H R. the Participatory Turn: Participatory Budgeting Comes to America [M]. Boston: Harvard University, 2012: 215.

次，议长办公室还向非营利组织提供更多的服务购买资金，以用于参与式预算的技术和动员支持，这些举措原本是由选区及社会组织单独负责的。例如，和社区之声签了协议，让他们负责21个选区内移民群体的动员工作，向参与式预算计划提供2万美元请他们培训市议会和选区层级的工作人员。最后，市议会还同时肩负起与选区工作的沟通作用，成立跨选区的委员会。通过这些措施，参与式预算逐渐被制度化，原先的督导委员会作为民间团体的权力逐步被市议会中的公共参与部门所取代，这种变化使得参与式预算作为由民间团体协作更多地转向政府职能。[1] 在制度层面，纽约市参与式预算从参与式民主跨越到参与式治理，成为由政府领导（government-led），拥有统一的调度和监督的过程。[2] 2018年经由票选项目公投，参与式预算成为全市层级内的政策，更加向既有的体制靠拢，因此从研究的划分上来看，尽管纽约市社团生活仍是参与式政治的典型并在逐步深化，但是具体到参与式预算上，政府的作用更加凸显，而民间的力量相对来说有所降低。

在梳理南美参与式预算的做法中，学者发现参与式项目基本上是由行政机关支持的。因此，在权力下放的国家背景下，地方主政者的政治意愿、经济实力和反对力量是项目执行的关键。但是当参与式预算扩展到全球脉络中时，由单个立法议员或立法机构主持的参与式预算日益增多，纽约市就是其中一例。对于这种类型的参与式预算来说，所代表的权力大小、掌握的资源多寡以及实施的决心都不能和以行政力量为主导

---

[1] Isaac Jabola-Carolus. Growing Grassroots Democracy：Dynamic Outcomes in Building New York City's Participatory Budgeting Program [J]. New Political Science, 2017, 39 (1)：109-125.

[2] FUNG A. Thinking about Empowered Participatory Governance [M]//FUNG A, WRIGHT E O. Deepening Democracy：Institutional Innovations in Empowered Participatory Governance. London：Verso, 2003：20-22.

的参与项目相提并论。纽约市参与式预算的发展最成功的地方在于它实现了政府部门和民间力量的团结，尽管目前我们看到政府力量占主导的趋势在增加，但是民间社团的影响力仍然不容小觑。纽约市案例展现了一种可能性，即自下而上的参与式民主最终是可以导向自上而下的参与式治理，通过参与式预算，这两个逻辑合二为一，维持并发展了国家与社会关系的良性互动。

三、南昌：迈向动员政治

庭院美化、护栏加高都是"幸福微实事"项目，虽然花的钱不多，却让老百姓赞不绝口。

——南昌市白衣庵社区主任郭艳艳

看见其他街道的老旧社区发生翻天覆地的变化，我们也很期盼早点把我们的社区纳入"幸福微实事"的试点范围。

——南昌市桃源街道的陶大妈[1]

如果将纽约市参与式预算界定为从民间参与式民主到政府参与式治理的过程，那么南昌市参与式预算则从一开始就由政府主导，目标在于参与式治理，而在实践的过程中与社区自治有更多的结合。从城市的背景来看，南昌市并不位于中国发达沿海地区，也没有进行制度创新的传统，从文化上来看，作为革命的摇篮，江西一直是红色文化的弘扬大省，南昌市自身也拥有诸多爱国主义教育示范基地。具体到参与式预算

---

[1] 南昌市西湖区"幸福微实事"第二批项目启动［N］．江西日报，2019-07-01．

的试点西湖区，从 2016 年开始，西湖区开展以"四梁八柱"为核心的工作部署，其中"和谐之梁"包括民生福祉支柱和社会治理支柱，主要内容是抓好民生社会事业等。[①] 西湖区是南昌市的老城区，基础设施落后，规划混乱，区内老年人口居多，迫切需要得到改建。在参与式预算引入之前，辖区内缺乏公民参与方式，和其他省会城市相比，西湖区由于城市规划较早，辖区内社区的规模普遍较小，城市基层自治组织兴起后，西湖区的居委会和工作人员数量较多，与业主委员会数量形成对比，因此居委会成为基层治理和自治结合的中坚力量。根据相关研究的界定，在这一时期，南昌市社团生活是一种偏向于傀儡政治的形态。一方面，居民缺乏公开的渠道自主地表达需求和意愿，另一方面，社会组织的生存和发展高度依赖公部门的权力运作方式，缺乏集体协调需求的空间，公民社会是零散的存在。

  南昌市西湖区在这种条件下引入参与式预算有两方面的考虑，其一是改造旧城区基础设施的需要，属于技术类需求，其二则是由民政部门牵头，将社区自治应用到城市治理当中，属于政治类。和以海口美兰等国内参与式预算不同，在南昌市参与式预算实行的第一年，并没有得到区级领导干部的大力推崇，缺乏高位推动，主要依靠的是以街道—社区和专家组为主，因此自主性比较强，一定程度上活化了公民社会的活力。在取得良好的成果和反馈后，政府感受到百姓"赞不绝口"，居民自身"盼望被纳入"，引起区级领导更多的重视，并在区内大力推广。尽管南昌市参与式预算发展"先天不足"，所用的资金份额较小且未并入预算序列，也非纽约和阿莱格雷港有民主化的意识，但在实行的过程中实际培养了公民参与政治事务的能力，创造了民主协商的氛围。在个

[①] 打造"四梁八柱"建设"幸福西湖"[N]. 南昌日报, 2017-01-04.

案研究部分，我们强调了南昌市参与式预算在社区工作人员的动员下有高提案率和投票率，这种情形出现的根本原因在于在缺乏自主性社团的背景下，社区充当中介在行政部门和民众之间扮演着重要角色。在阿莱格雷港的案例中，研究发现，是参与式预算的制度设计本身强化了预算代表（中介）的职能，造成参与式预算的趋行政化，这是次级制度设计本身所造成的。而南昌市参与式预算采用和纽约市一样较为平权的参与设计，但因为背景制度的影响，社区居委会一直作为政治体系中社区自治牵引力的存在，使得这种参与本身带有"被动员"的色彩。

一些文献对于参与式预算的赞誉在于其所引入的各种嵌套级论坛，重新激活了民间活力，改善了国家与社会关系。然而，由于南昌市既有的公民社会格局，公民参与的制度化主要是由行政部门来领导，居民高度信任政府。因此，尽管参与式预算带来社区的修缮，丰富了居民的文化活动，但是并没有增加公民社会本身的自主性，本研究将经由南昌市参与式预算达至的社团生活归为"动员政治"的范畴。在理论层面，南昌市参与式预算回应了"权威协商"的悖论，也就是说，在集中统一的决策权下，决策者也会主动建立沟通的平台来促进公共参与，回应诉求。这种做法的原因一是基于现实考虑，基层政府需要直面国家与社会关系前沿的问题；二是这种协商实践是可控的，它借助行政团队的力量，结果还能强化体制本身的治理能力。南昌市参与式预算在得到区级领导认可后进一步推广，但是逐步改变了专家组原初的设计，原本街道—社区两层级的资金配置被取消，参与式预算的规模被下沉到了社区、社区内的小区甚至楼栋。这种改变反映了南昌市参与式预算被保留了技术层面的意义而在民主参与方面的积极意义被搁置，居民无法讨论更高层级的公共事务，也无法通过多层级的会议来保证自己的偏好和意见。因此，尽管启动参与式预算需要行政机关或立法机构或政党的推动，但高级官员的重视并不一定能保证实质有效的参与。

因此，从对三个城市参与式预算的实践来看，根据前文研究对于参与模式的划分，可得到图6-1，因为参与式制度本身的嬗变，使得公民不同程度地介入国家的公共事务，导致参与模式的转变。其中，阿莱格雷港是从激进政治转变为参与式政治，最终没落为傀儡政治；纽约市是在参与式政治的脉络中进一步深化，公民的自组织程度提升，而制度化水平也在增强；南昌市是从傀儡政治的结构中步入动员政治。

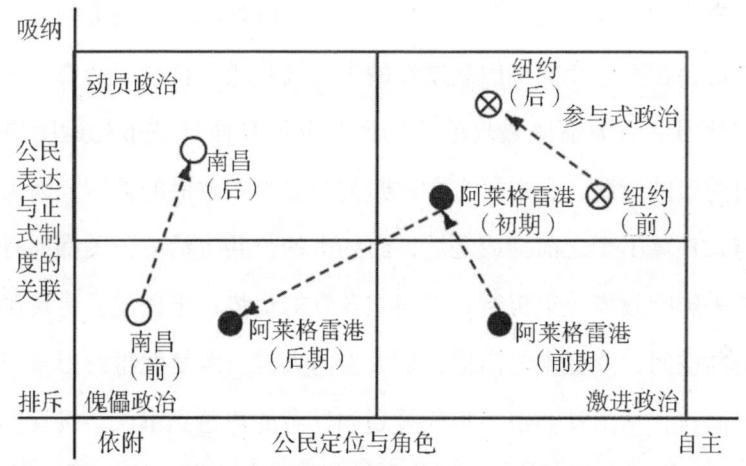

图 6-1 预算参与的模式变化示意图

具体来说，阿莱格雷港在参与式预算制度出现之前就展现出了独特的政治样态，在地有强大的结社生活传统和左翼组织势力传统，工人党在带领人民争取财政议题权利的过程中积攒了丰富的社会运动的能量。这一时期，公民参与的模式是一种激进政治，在获得执政地位后，工人党将参与式民主的经验做法总结，推出了参与式预算，完成了由二元权力结构的设想到参与式民主的转变过程。阿莱格雷港起初的参与式预算，是关键性行动者提出的系统性构想，目标在于让公民完全地掌控国家，并与社会主流议程高度结合。在这一过程中，公民参与度和能动性的提升也使得参与式预算的规模逐年扩大，程序也更加合理，反过来推动所有参与者有效而平等的投入。参与式预算构建的社团生活成为参与式政治的典范，也吸引了世界的目光，大批学者前来学习效法这种新的参与形式的做法。但是，随着工人党在千禧年初失去执政党的地位，参与式预算的地位和形式逐步发生变化，作为中介机制的预算代表角色也逐步僵化，最终参与式预算沦为一种装饰的空壳并最终被取消。对于公民社会来说，不仅失去了参与式预算这一可以影响政府决策的方式，而且公民社会在三十年间也因制度性的参与被收缴了自身的活力，阿莱格雷港的社团生活濒临傀儡政治的局面，也不复往日城市社运明星的样貌。纽约市的情况，在本研究中被归类为参与式政治的类型，因为不管在参与式预算出现之前抑或之后，纽约市的公共生活中公民都拥有诸多的途径来影响政府决策机制。参与式预算的优势在于创造了更具深度协商的公共空间，降低参与门槛，扩大参与人群。但是就纽约市参与式预算本身而言，从由社会组织担任策划领导者的角色到市议会接管参与式预算的统筹工作，事实上，公民在参与式预算中的自主权有一定的下降，但仍然属于参与式政治的范畴。南昌市参与式预算是发生在一个之前没有赋权措施的省会城市，参与式预算直接提升了政府的包容度，让居民可以切实介入自己社区和街道的公共事务决策。从参与式预算融入政府的日程设置，可以看出正式制度对它的接受，但是也因此，参与式预算成为一项政治性任务，间接地影响了作为中介者的角色，使得居民极高的投票率成为被动员下的产物。此时的参与式预算，只能被归为动员政治的类别。但是随着参与式预算的推进,公民热情和能力的自主提升,以及基层行政系统有意识地放权,研究认为,南昌市参与式预算也能逐步接近参与式政治的理想状态。

  本研究显示,公民参与及与国家间的关系之间有微妙的特质,如果我们以一个广泛、平等、包容以及有约束力的参与为目标,并不是越高的参与率或完全的行政制度化实践就是最好的。参与式预算制度作为一种次级民主制度,所塑造的社团生活也是动态变化的,关键是要看公民社会的自我组织程度和国家政治制度的背景。总体而言,政治环境的变化能够创造一个新的环境,在这个环境中,以前没有集体行动经验的个人现在理性地参与其中,因为他们认为这样做将有利于他们的利益。

第七章

结论

经过对巴西阿莱格雷港、美国纽约和中国南昌的参与式预算的比较，以及从公民角色定位和与正式制度的关联角度来分析三个城市中，由预算参与带来的社团生活模式的转变，本研究希望识别正式制度、行动者以及国家脉络的影响。在结论部分，本研究将回到原初的问题，即对有效的参与式预算的影响因素和在一个非选举民主国家内能否产生有效的公共参与进一步进行分析。在回答这两个问题之前，研究认为，有效的社团生活所蕴含的公平公正和可持续性，是一种将公民社会与公共权威连接起来的表达和实践方式。因此参与式预算被认为是可以强化这种连接的方式之一，更准确地说，是从由金钱与强制权力做出决策的情况，转为经由沟通力量和平等协商做出集体决定。[1]

第一节 预算参与的实践空间

本研究选择的三个城市在引入参与式预算之前，公民也能通过各种

---

[1] WARREN M. Democracy and Associations [M]. Princeton, NJ: Princeton University Press, 2001: 67.

正式或非正式的途径来影响政府公开的决定。但是在参与式预算之下，一般性的公民已经被证明可以自主形成集体的偏好，与政府官员和相关部门进行协商并最终参与制定城市的预算。参与式改革吸纳了长久以来被正式制度边缘化的社群，如阿莱格雷港城市社区的穷人、纽约大都会中的非公民身份者和南昌旧城区老年人群体。尽管"创新仰仗于可实践的理念，好的创新仰仗可以成功实践的好理念"[1]，但好的理念并不必然导致有效的治理实践。本节将回顾案例的比较，承接上一章对于公民社会实践状况的分析，来梳理预算参与的实际结果。

一、预算参与构建的社团生活

在研究框架部分，我们认为经由参与式预算建立的有效的社团生活应当是一个相对广泛、平等、稳定以及有约束力的结构。本研究将公民在公共生活中的角色以及公民表达和正式制度的关系作为衡量标准，明确在不同的政治脉络中，经由参与式预算产生了不同的社团生活类型。如果公民能自主表达、自我组织和参与，而且公民意见及聚合这种意见的方式能够被正式制度接纳，这样的制度性程序参与会形成参与式政治。如果公民参与的热情极大地依赖于国家塑造，公民社会基础较为薄弱，但是经由参与式预算的建立，也能促成制度化参与，则会形成动员政治。而如果公民参与的积极性足够强大，且这种参与本身并不能为其他正式制度所接纳兼容，则成为激进政治。激进政治中，由于参与缺乏规范化的协商，参与者没有太多的空间协调彼此之间不同的利益和需

---

[1] NEWTON K. Curing the Democratic Malaise with Democratic Innovations [M] // GEISSEL B, NEWTON K. Evaluating Democratic Innovations. Curing the Democratic Malaise. London: Routledge, 2012: 3-20.

求。而如果激进政治日趋狭隘，丧失了自主与多元的公共表达，则会沦为傀儡政治。

在纽约的案例中，研究将它解释为公民参与的自主性强而与正式制度互相融合的参与式政治。在这一过程中，参与式预算同时调动了公民个体和公民社会组织的积极性，政治效能感层次不同的公民被协调进了参与式预算的不同环节。而参与式预算制度的衍变紧跟纽约市大宪章的修订，伴随着市议会权力的增强，以及对市议会预算权力的监督。当参与式预算不断地给弱势群体赋权并赢得公民和社会组织的信任后，也反过来依靠民间的力量，从一项试点项目变成纽约市全市层面的公共政策，显示了参与式预算最终获得体制内的合法性和资源保障。

透过阿莱格雷港的案例，研究发现，参与式预算创制出来的制度空间并不是一成不变的，它深刻受到地方政治脉络转变的影响。在巴西，参与式预算是以追求激进民主为根本目的所采取的策略之一，改革源自公民社会，是经民主转型中不断的社会运动产生的，在政治上则依赖于工人党的崛起。这样的背景带来了两种影响，首先是参与式预算延续了之前的抗争戏码和规范，也就是说，在地的行动者引入参与式治理的时候，借助的是之前在街头抗争时使用的密集的社会组织网络和团体。其次，则是预算代表的选举制度，这使得参与式预算本身变得更加独立，不太需要借助于原有官僚系统中的中介角色，但造成的结果却是无法与正式的政治制度融合，也无法展开高层次的合作。在这一时期，阿莱格雷港的参与式预算造就的是一个从典型的激进政治向参与式政治过渡的局面。理论上，激进政治要转变为参与式政治是可行的，因为激进中公民的参与是高度多元化的，2003年前后参与式预算发展的顶峰也证实了这一点。但是，阿莱格雷港的结局却显示了另一种可能，即落入

"参与式民主的诅咒"。由于参与式预算与工人党的得票率高度相关,在工人党下台后,保守的政府仅仅保留参与式预算表面的流程,逐步侵蚀了预算参与约束政府决策的明确机制。同时,参与式预算又"收缴"了之前公民社会的领袖和活力,长此以往,公民社会不仅无法将意志输入政府反而失去原有的表达渠道,与国家发生断裂,沦为傀儡政治的下场。

在中国南昌的案例中,参与式预算是以协商民主实践的面貌出现,并逐渐发生与居民自治的结合。与西方制度背景不同,中国地方政治的治理格局和协商民主分属于两个维度,但并不冲突矛盾,参与式预算作为一种次级制度载体,满足了公民要求参与的需求。同时,地方政府也希望借由参与式预算提供的对话平台缓解和居民之间的冷漠对立和疏离,提升政府在基础建设问题上的回应性,因此基层的政府官僚和群众都对此有很好的反馈。但是与参与式政治不同的是,启动中国参与式预算的主体是科层制的政府,尽管他们在传达和分解执行自上而下的命令时有优异的表现,但是参与式实践的内核是要建立自下而上的信息传输和表达的机制,因此参与式预算在落实到社区时往往扭曲了原初的目的和规则,成为运动式(campaign-style)政治任务。本研究将中国参与式预算带来的社团生活归为动员政治的另一个原因在于,中国参与式预算走向居民自治的方向,但由社区居委会和街道干部充当了预算代表的角色,即中介机制,社区和街道在扮演国家意志代理人的过程中形塑、处理甚至转译了由民众在社区经协商形成的偏好。本来,参与式预算是要增加公民和政府的连接,而在南昌的案例中,研究发现的是公民社会参与政治是要更依赖于国家,这样反噬了公民社会的自主性。因此,尽管中国参与式预算展现出极高的提案率和参与率,目前仍旧只能被归为动员政治的范畴。动员政治空间的好处是参与式预算被正式制度所接纳认可，在参与式预算的制度化获得保障时，能够激发公民持续的参与并在日后过渡到参与式政治。

二、影响有效参与式治理的因素

阿莱格雷港、纽约和南昌，以至于城市背后的巴西、美国和中国这三个国家，虽只是参与式预算世界案例中的一角，但分别位于目前进行参与式预算的主要地区和参与式预算发展的三个阶段，是参与式预算三种目标类型的代表，也能部分展现出参与式预算多元现实的样态。这些案例至少显示了以下几个影响：首先，参与式预算在事先精心规划的前提下，的确能够达成参与式民主的某些理论预期，比如，公民赋权和增加社会连接。也有一些结果是制度启动者或推广者意料之外的，比如，推动预算的透明，拓展弱势群体的利益。其次，当参与式预算嵌入正式制度之后，也可能带动行政机关的改革，比如，促进全预算的公开，鼓励更多的参与式实践。最后，参与式预算的有效性造就了某种程度的民主化，无论是巴西的激进民主，将公民意见短平快地传递进国家公共政策，还是中国的基层自治，促使民众平等地参与讨论并自我管理，都能够增进民主的品质。

而从对案例的讨论中，结合前文研究对于参与式预算内在逻辑的梳理，实行参与式预算要产生正面的效应，主要有以下四个要素：

1）明确的政治意志和坚定的领导策略；

2）充足的预算和经济资源；

3）鼓励创新，以及注重效率的行政团队；

4）来自公民、社会组织、预算代表、立法机关等更广泛的政治支持。

具体来说，参与式预算的设计旨在超越既有的包括选举在内的公民实践，而详细的目标设置与启动参与式预算的行动者角色有关。阿莱格雷港的工人党是在社会运动和在地的结社网络中推行参与式治理，左翼的政党批评代议政府的失灵，诉求与民众的意见连接，以深化民主的品质。在理念的指引下，工人党坚定地推行参与式预算并将其作为竞选的明星招牌，而工人党在赢得总统大位后，为了达到与各方面利益的平衡，趋于保守和形式主义。工人党丢失了阿莱格雷港的市长席位后，执政的中右翼政党联盟在推动参与式预算上兴趣索然，最终则直接取消了这一做法。在纽约，参与式预算是政府诸多赋权手段和公民创新的结合，纽约市参与式预算带来的赋权，不仅仅是赋予公众参与预算决策的权力，还让公众成为权力本身的"建筑师"，由公众专家组成的督导委员会在前期讨论决定预算参与的流程和方式。由参与式治理延伸，一些公民还参与到选区层级的治理和市政府其他决议之中，同时，公民社会团体一步步推动参与式预算试点、推广并进入城市的宪章。在南昌，无论是从预算公开还是到基层治理，主政官员意志以及上级领导的支持和认可是协调各方面因素的关键，参与式预算与长期、短期的政府治理目标结合，既实现了工具性意义，也契合了协商民主的价值取向。

其次，参与式预算讨论的终极指向是"预算"，即社会的公共资源，这也是参与式预算在众多治理创新中独树一帜的关键。财力的大小固然是一个地方能不能实行参与式预算的要素之一，但并非唯一的原因。阿莱格雷港参与式预算建立之初受益于中央对地方的财政放权，目的在于"翻转优先顺序"，给穷人社区更多的资金投入，而后期资本类项目的出资率过低也直接影响了公民参与的热情。纽约市参与式预算使用的是议员分配款，围绕这笔资金的使用一直有讨论，而参与式改革就是将这笔公共财政资金的社会效应最大化，优化和弥补财政资金的使用结构。南昌目前进行的参与式预算，很多政府使用的都是地方的民政服务类资金，也包括因为单位制过渡到社区制遗留下来的集体资产，参与式预算正是通过一小部分的政府预算，来撬动更大规模的政治支持。

再次，参与式预算还需要有鼓励创新的行政氛围以及一个有效的行政团队。阿莱格雷港的参与式预算适逢巴西民主化转型和巩固的时期。在这一阶段，涌现出了很多围绕财政议题的改革手段，侧重于公共预算的分配和社会正义的实现，社运团体也从幕后走向前台。在美国和中国，两国都有或曾经出现对地方政府创新的鼓励，也有学界和公民社会团体的合作，特别是中国自21世纪以来，由于中央的大力倡导，各地方政府相继涌现了不同形式的基层协商民主实验，激活了体制内官员和机构的积极性。

最后，则是来自公民社会和政府其他机关的广泛支持。这一点在之前的理论研究中也得到广泛的验证，比如，在针对西班牙加泰罗尼亚地区不同形式的公民参与经验的研究中，学者认为公民社会的投入是最关键的因素。[1] 而对于拉丁美洲案例的研究也同样得出，活跃的公民社会，对于成功的民主创新而言至关重要。[2] 阿莱格雷港的参与式预算之所以在刚开始形成大势，依靠的就是公民运动的积极分子与政策行动者的通力合作，而在此过程中公民社会仍保持自主性，后期当公民社会被

---

[1] FONT J, GALAIS C. The Qualities of Local Participation: The Explanatory Role of Ideology, External Support and Civil Society as Organizer [J]. International Journal of Urban and Regional Research, 2011, 35 (5): 932-948.

[2] FUNG A. Reinventing Democracy in Latin America [J]. Perspectives on Politics, 2011, 9 (4): 857-871.

既有的利益团体和部门所束缚时，参与式预算也失去了活力。作为成熟民主国家代表城市的纽约更是如此，纽约市参与式预算大部分任务是由民间社会来完成的，政府部门给予高度的信任和资金支持，大幅地降低可能因繁重的协商任务给公务人员带来的行政压力。而在中国南昌，由于政府的基层工作人员承担了类似预算代表的指责，尽管增加了负担，但却增进了沟通的效率。在参与式预算的过程，社区公民组织也自发或被动员进来，成为政府购买公共服务的对象，也加深了和社区的连接，参与式预算从这个角度激活了公民社会的动能。

综合来看，参与式预算作为一项政府治理手段的创新，是一系列的制度安排，也是人为地通过"自下而上"的设计创造出全体公民对于政治事务务实而持久的兴趣。本研究显示，除了最低限度的广泛的行政支持和政治支持以外，启动者也需要强有力的权力位置和政治意志，才能着手推进公民参与的新方式，有效参与的根本以及公民赋权的核心动力仍然来自一个强有力的政府。

第二节 参与式预算的国家脉络

本研究是对于参与式预算的跨国城市比较，因此在不同的地区，参与式预算展示在地脉络的时候也表现出不同的国家特色，那么民族国家是否能对参与式预算产生实质性影响，结果是否定的。也就是说，参与式预算能超越国家基本政治制度的差异，在非选举民主国家，也可以存在有效治理运行的亚体制。

一、国家逻辑与结果

结合研究对于实行参与式预算城市背后的国家背景分析，可以看到，尽管参与式预算的流程和方式是近似的，但各国有自己特定的发展途径，共同指向选举民主的不足，试图以参与式倡议来加强政府和民众的沟通。在纵览世界参与式预算的案例时，研究发现，被贴上参与式实践的项目非常繁杂，一是改革的范围上至全国性号召下到各种在地化的案例；二是参与式实践的议题横跨了预算、城市规划等各类特定的政策场域；三是参与式实践发生在各种不同的政治制度的背景下。这种庞杂和混乱的局面中，国家性并未凸显，原因在于参与式预算在发生的国家或地区，依托的是事实层面已经形成的区域性或局部性的政治权威。领土大小、国家规模和在地的政治脉络会影响参与式预算的扩散，但是参与式预算更注重的是参与本身的可塑性，公民在地能力和偏好的形成以及行动者如何启动进程，并最终激活公民社会。本研究聚焦的是治理创新中地方的公共事务，在地的空间不仅是公民直接面对国家的地方，也是公民可以直接行使参与权利的场所。参与式预算激活了地方政治空间，将具有权威特质、拥有排除性质的地方政府转变为资源丰富、积极包容的地方政府，尽管涉及了不同国家制度，但本研究讨论的是在地的治理实验如何在不同区域内成为可能。

巴西的威权主义历史为参与式预算的产生提供两个背景，一个是去中心的专制主义（decentralized depostism），一个是社会威权主义（social authoritarianism）。[1] 这种权力的集中以及社会关系的阶层化造成

---

[1] DAGNINO E. Meanings of Citizenship in Latin America [M]. Brighton: Institute of Development Studies, 2005: 95.

<<< 第七章 结论

了巴西严重的经济不平等，但同时，去中心的权威性特质又造就了多方的区域精英，城市与州在传统上都高度自主并有自己独特的利益。都市的贫困问题使得巴西参与式预算带有浓厚社会正义的色彩，而分权的权力形态使得地方政府可以自由地制度化人民直接参与公共事务的渠道。但是去中心的进程是不均衡的，正如学者指出，"有权者将特权给予无权者一直是巴西政治文化的特征"[1]，参与式实践建立的主题会议和预算代表等被视为通过服从既有的秩序而获取恩惠的中介，参与式预算带来的成果也成为政党权威给予的"特权"。只不过这种特权的对象是弱势社区，"贫穷的区域会多获得一点，而有着良好基础建设的区域则少获得一点"[2]，在这一过程中，公民的能动性被削减，公共参与名存实亡。

参与式预算从欧洲发展到北美，成为美国参与式生态系统的一部分。一直以来，美国存在公民协商的传统，从20世纪80年代的"新公共管理"（New Public Management）到21世纪的"新公共治理"（New Public Governance），鼓励公众参与公共部门决策的机制越来越多。极化的两党政治下，参与式民主并没有在联邦层面对选举制进行挑战，而是强调更加多元化的基层实验，当公民对地方公共事务投入的时间和精力增多，地区性跨党派的公民联合也成为可能。参与式民主主张个体平等参与政治过程的权力，并且这种参与是决策过程的参与，目的是增进公民之间的连接。在发达的民主社会里，美国参与式预算同样针对社会中

---

[1] SALES T. Raizes da Desigualdade Social na Cultura Política Brasileira [J]. Revista Brasileira de Ciencias Sociais, 1994, 9 (25): 26-37.
[2] BAIOCCHI G, HELLER P, SILVA M K. Bootstrapping Democracy Transforming Local Governance and Civil Society in Brazil [M]. Redwood: Stanford University Press, 2011: 94.

不公正的权威结构做了改革,特别注重给非公民身份群体赋权,试图消除因为教育、经济和时间资源等造成更大的实质性不平等。美国多元文化的根基使得参与式预算连接到分权的政治结构中,进一步缩短了公民和公民委托行使权力部门之间的主权链条。

对于中国而言,从政府治理层面,中国与其他国家并无区别,社会主义民主的本质和核心是人民民主,党和政府也一直重视基层自治组织的建立和完善。同时,中国也鼓励推进行政领域的诸多改革,包括政务公开以及大数据应用管理,增强治理能力和水平。与其他国家以立法为先导的政策过程相比,中国独创了一种先行"试点"的方式,允许分级规划和试验,给予地方政府更多的政策驱动力。在这种条件下,参与式预算受到地方政府的青睐,由地方政府辅助引导,在做好风险管控的同时充分利用社会公共资源,形成"政府+社会各类力量"共建的格局。

因此,尽管参与式预算受到国家制度和在地政治脉络的影响,却并不存在"国家性"(stateness)的问题,在政治体制不同的各个国家,都有孕育公共参与的基础。参与式预算的形式可以有不同的变化,但这些不同的模式所包含的共同特征是一致的,即扩大公民权的概念,强调协商的价值。具体做法中,各国也有一致的经验,比如,建立包容式、嵌套型的邻里会议和论坛,限制预算代表的权力,发展电子化的参与手段以降低参与的成本,增进资讯的流通。研究表明,参与式预算的制度设计很重要,参与式预算在正式权力组织中正当化与制度化才能带来持久的影响力,而情境和行动者也很重要,在面对各类限制的同时,行动者需要动机和资源来改变既有的微观环境。

二、地方视野中的参与式民主

在谈论参与式民主的时候，本研究希望回顾在理论部分所讨论的以制度主义为核心以及以民间社会为核心两方面的分野。在制度主义观点中，民主可以用一系列程序与形式来保障，有效的参与式民主意味着某些特定的制度规范；而强调公民社会的民主理论家则认为制度主义忽视了非政府与制度外的公共领域（nongovernmental and extrainstitutional arenas）① 的实践，认为强韧的公民社会对于创造一个让弱势群体结合与组织的空间至关重要。随着体制外社会议题参与人数的增多，对于社会资本、社会内聚力（social cohesion）、直接民主以及参与式民主的关注越来越多，这也是现代政治发展的一个趋势②。在这篇对于参与式预算的研究中，希望探究参与式预算的制度设计，同时结合公民社团的活动来进行分析。在制度层面上，本研究认为经由参与式预算达至的参与式民主是将公民社会和公共权威连接起来的运作方式，在实践中，也是一种决策方式的转变，即由金钱与强制力（coercive power）做出决策的方式转向由公开的辩论和沟通做出决定的过程③。从这个角度，本研究回答了有关参与式民主的两个问题：什么样的制度设计能够提升参与式民主的品质？公民社会对参与式民主运作的影响力如何体现？

---

① ALVAREZ S. Reweaving the Fabric of Collective Action: Social Movements and Challenges to "Actually Existing Democracy" in Brazil [M] //Richard G F, STARN O, Between Resistance and Revolution: Cultural Politics and Social Protest. New Brunswick, NJ: Rutgers University Press, 1997: 83-117.
② SCHAAP L, DAEMAN H. Renewal in European local democracies: puzzles, dilemmas and options [M]. Berlin: Springer, 2012: 9.
③ WARREN M. Democracy and Associations [M]. Princeton, NJ: Princeton University Press, 2001: 67.

全球参与式预算的发展目前多集中在城市层面，城市也是国家制度和公民社会最直接接触的地带。研究中的三个城市，无论是阿莱格雷港财政自主权的扩展，还是纽约作为城市与州和联邦政府的分权，以及南昌市处于中国地方和中央分权的背景，都具备去中心化的色彩。去中心化的特征也被延续到参与式预算的制度设计之中，嵌套式层级论坛就是将市府资源决定的权力逐步下放到个体。具体来看，为了增加参与的有效性，降低参与的门槛，有两方面的影响因素，其一是对公民偏好形成的保障；其二是对主权链条的保护。在第一层面，三个城市的参与式预算主要是通过多种论坛方式的组合最大限度地收集民意，像阿莱格雷港的游览大巴车，让公众直接感受到城市的需求；像南昌的高度动员，入户请居民填写提案意见表；以及在纽约，给参会人员以各种补贴和保障。这些做法是参与式预算在程序上的亮点，动员了那些之前在政治生活中没有发言权，或者无法被充分代表的群体。这部分民众虽然之前可能享有形式上的公民权，但没有制度化的渠道来表达他们的日常诉求，参与式预算正是构建了这样一个沟通的平台，是参与式民主或协商民主所推崇的"言说"的力量。在第二层面，也就是主权链条的问题，即民众的意见如何被转化为政府的决策，这直接决定了预算参与的实践是咨询式的还是约束式（binding participation）的。因此研究考察了三个城市用于预算参与的资金大小和这部分资金的约束力，预算实施项目的决定过程以及预算项目在实施中的监督情况。对于阿莱格雷港来说，参与式预算在前期有着宏伟的目标，它从市府预算的10%起步，最高时期发展到了20%以上，因此尽管阿莱格雷港的资金规模总量有限，体现了其参与式预算的效力。但是随着主政者的易位，预算参与资金的比例逐步下降，这是阿莱格雷港参与式预算衰落的重要表现。这种衰落的原因同样受到预算决定方式的影响,阿莱格雷港参与式预算的决定方式过度依赖了民众和政府之间的中介而不是民众本身,这些预算代表前期还承担了监督项目的职责,随着他们角色的转变,他们成为政府行为的傀儡,被诟病为"左派庇护主义"的代表。纽约和南昌目前参与式预算发展的资金规模都十分有限,不到市府资源的1%,同时,两地的预算资金在决定后不需要再得到立法部门的确认,有提前授予的特质,这也决定了两地参与式预算在影响力上不能与阿莱格雷港的野心相提并论。但是两地都采用全民投票的方式来决定预算项目的实施,弱化预算代表的职能,同时也将监督权交给民众,这种设计体现了对民间的信任,在结果上也促进了当地的自治情况。不同的是,纽约市民间社团的活力要更胜一筹,在自我意志的保存上体现了更多的自愿性,而南昌市参与式预算依赖的是政府行政末端社区居委会的力量,民间的声音有时候被取代、被置换。因此,研究认为,有效的参与式民主的制度设计一定要最大限度聚合民意,同时保证将民意输入政府的过程。

三地在制度设计上的差异以及结果的不同表明了公民社会对于参与式民主实现的影响至关重要。在阿莱格雷港,参与式预算是以激进化民主的面貌出现,是在当时广泛的社会运动中所孕育的一种务实性的策略。这些改革源自公民社会,在政治上则获益于社运代表工人党,因此在发展之初,参与式预算可以借助密集的社会动员网络来获取民众个体和社会组织的支持,扩大声誉。而研究认为阿莱格雷港参与式预算的衰落与公民社会丧失主动性也有诸多关联,公民社会也是具有可塑性的,当参与式预算构建的制度化渠道成为公民社会唯一的表达途径时,公民社会的领袖都更偏向政府时,社会虽然更加有序,但丧失了原有的活力,而这反过来又导致公民社会对参与式预算被取消一事无法进行发声或抗争。在纽约，参与式预算兴起于社会组织对单个议员的游说，公民社会团体发起的票选修订了宪章，使得参与式预算未来将成为全市层级的项目，参与式预算实施过程中的踊跃参与都离不开社区社会组织的大量工作。只有当公民已经享有显著自我组织的能力时，公民社会才能成功地扩大参与式预算的成果，以及维持自主性。而像南昌市这种公民社会高度依赖政府组织的情形，社会则需要让渡自我组织能力来交换政府治理下的"居民自治"。因此，研究认为，公民社会的活力和自主性在长期看来，决定了参与式预算的发展。

最后，对于三个城市参与式预算的研究也回应了阿诺德·考夫曼对于"参与式民主悖论"的论述。本研究显示的是，参与式民主最终将不可避免地有"行政化"的趋势，有可能会逐渐偏离原初"人民统治"的意涵。参与式预算作为参与式民主实践的一种，以"预算"为目标，特别体现了这一点。理论家多数认可参与式预算能将公民社会带回来，但实际上，参与式预算在强化国家与社会关系的同时也将国家带回来。阿莱格雷港的参与式预算作为原初的鼻祖，后来逐步沦为官僚主义的程式，丧失了激进民主的核心。纽约市参与式预算作为在这三个案例中最有赋权特色的一例，它从试点到推广到最终被写进城市宪章，行政化的色彩也更加浓厚。最典型的体现就是，起初制定规则的是由民间代表组成的督导委员会，而如今则归于强势的市议会行政部门，在未来，市议会还将统筹全市的预算参与。而在南昌，从参与式预算生发的源头来看，就是行政部门配合国家意志自上而下推行的结果。因此，如果要继续讨论参与式预算，就不能回避官僚体制的束缚和影响，和考夫曼一样，本研究也认为，参与式民主不能取代代议民主，参与式民主也仅仅是民主规范运作的一种形式，参与式民主也并不是民主最后依归。

第七章 结论

"跟着实践走",根据参与式预算改革的材料,本研究分析了参与式民主和实践,借助参与的程序和规则的设定,公民的表达被输入特定的治理形式当中,也意味着国家和社会经由一种更复杂的方式连接。这种方式,既不同于选举民主的一次性投票选举代表,也不同于社会运动简单粗糙地与公部门街头对话。早期巴西参与式预算的目的是让"政府把门打开",早期中国参与式预算也是意图让"政府把预算打开",美国参与式预算让"公民社会进入",参与式预算遵循了协商民主和参与式民主的最高标准,在不同的初始条件下,创造不一样的社团生活。传统的国家与社会关系理论中有这样一种认知,即国家可能是威权的而公民社会则是平权的,通过研究的案例发现,国家可以是包容各种社会利益的,而公民团体则有时候也会被特定目标"俘获"。因此国家与社会关系的核心是国家在何种层级上授权,而这种授权又是通过何种方式传递给个体。即便参与式预算是被明确用来促进公共参与的手段,但制度改革的最终效果仍然取决于各方行动者的互动以及政治权威的支持。

参考文献

一、中文专著、译著

［美］本杰明·巴伯. 强势民主［M］. 彭斌，译. 长春：吉林人民出版社，2011.

［美］查尔斯·蒂利. 民主［M］. 魏洪钟，译. 上海：世纪出版集团，2015.

［美］查尔斯·蒂利. 社会运动：1768—2004［M］. 胡位钧，译. 上海：上海人民出版社，2006.

［美］卡罗尔·佩特曼. 参与和民主理论［M］. 陈尧，译. 上海：上海人民出版社，2018.

［美］斯蒂芬斯，等. 资本主义发展与民主［M］. 方卿，等译. 上海：复旦大学出版社，2016.

［美］熊彼特. 资本主义、社会主义与民主［M］. 吴克峰，等译. 南京：江苏人民出版社，2017.

［美］胡安·林茨，阿尔弗莱德·斯泰潘，等. 民主转型与巩固的

问题［M］．孙龙，等译．杭州：浙江人民出版社，2008．

［美］约翰·吉尔林．案例研究：原理与实践［M］．黄海涛，等译．重庆：重庆大学出版社，2017．

［美］沙安文．参与式预算［M］．庞鑫，译．北京：中国财经出版传媒集团，2016．

［美］塔尔科特·帕森斯．社会结构的行动［M］．张明德，等译．北京：译林出版社，2012．

［法］皮埃尔·卡蓝默．治理的忧思［M］．陈力川，译．北京：三辰影库音像出版社，2011．

［美］大卫·格雷伯．为什么上街头？新公民运动的历史、危机和进程［M］．李尚远，译．台北：商周出版社，2014．

陈尧．民主的要义：当代西方参与式民主理论研究［M］．上海：上海人民出版社，2016．

邓研华．预算改革的理想与现实：政治学的视角［M］．北京：中国社会科学出版社，2017．

靳继东．预算改革的政治分析：理论阐释与中国视角［M］．北京：科学出版社，2015．

马骏，等．走向预算国家：治理、民主和改革［M］．北京：中央编译出版社，2011．

谈火生．审议民主［M］．南京：江苏人民出版社，2007．

俞可平．中国治理创新可持续性分析［M］．北京：社会科学文献出版社，2019．

二、中文期刊及其他

陈莹，周俊. 单位制老旧住宅区物业管理模式研究 [J]. 中国房地产, 2017 (12).

高新军. 预算民主，重塑美国政府 [J]. 中国改革, 2008 (10).

何包钢. 协商民主和协商治理：建构一个理性且成熟的公民社会 [J]. 开放时代, 2012 (4).

何包钢, 徐国冲, 毕苏波, 等. 中国公民参与式预算：三种不同的逻辑 [J]. 领导科学论坛, 2018 (23).

郝诗楠. 理解运动式与常规化治理间的张力：对上海与香港道路交通执法案例的比较 [J]. 经济社会体制比较, 2019 (4).

华国庆. 预算民主原则与我国预算法完善 [J]. 江西财经大学学报, 2011 (4).

郎友兴. 中国式的公民会议：浙江温岭民主恳谈会的过程和功能 [J]. 公共行政评论, 2009, 2 (4).

林雪霏. 当地方治理体制遇到协商民主——基于温岭"民主恳谈"制度的长时段演化研究 [J]. 公共管理学报, 2017, 14 (1).

乔纳森·安戈, 陈佩华, 钟谦, 等. 中国的基层协商民主：案例研究 [J]. 国外理论动态, 2015 (5).

盛智明. 制度如何传递？——以 A 市业主自治的"体制化"现象为例 [J]. 社会学研究, 2019, 34 (6).

项皓. 赋权与参与的新探索：美国纽约市参与式预算 [J]. 新视野, 2018 (2).

项皓. 全民提案与全民决议：海口美兰区参与式预算的制度创新

[J]. 兰州学刊, 2019 (5).

叶娟丽, 马骏. 公共行政中的街头官僚理论 [J]. 武汉大学学报 (哲学社会科学版), 2003 (5).

邱毓斌. 红色森巴——巴西自主工运与工人党的奋斗历程 [EB/OL]. 苦劳网, 2002-11-12.

三、外文专著

ABERS R. Inventing Local Democracy: Grassroots Politics in Brazil [M]. Boulder, CO: Lynne Rienner, 2000.

ANDREW A. What do Cases do? Some Notes on Activity in Sociological Analysis [M] //RAGIN C C, BECKER H S. What is a Case? Exploring the Foundations of Social Inquiry. Cambridge: Cambridge University Press, 1992.

JEFFREY A. The Civil Sphere [M]. Oxford: Oxford University Press, 2006.

ALVAREZ S. Deepening Democracy: Popular Movement Networks, Constitutional Reform, and Radical Urban Regimes in Contemporary Brazil [M] //FISHER R, KLING J, PARK N. Mobilizing the Community: Local Politics in the Era of the Global City. CA: Sage Publications, 1993.

BARRY A. The Deadlock of Democracy in Brazil [M]. Ann Arbor: University of Michigan Press, 2001.

ANG Y Y. How China Escaped the Poverty Trap [M]. Ithaca NY: Cornell University Press, 2016.

ARMONY A C. The Dubious Link: Civic Engagement and Democratization [M]. Stanford: Stanford University Press, 2004.

AVRITZER L, WAMPLER B. The Spread of Participatory Democracy in Brazil: From Radical Democracy to Participatory Good Government [J]. Journal of Latin American Urban Studies, 2005.

LEONARDO A. Democracy and the Public Space in Latin America [M]. Princeton: Princeton University Press, 2002.

AVRITZER L. O Or amento Participativo e a Teoria Democrática: um Balan o Crítico. A Inova o Democrática no Brasil [M]. S o Paulo: Cortez, 2003.

BAIERLE S G. Urban Struggles in Porto Alegre: Between Political Revolution and Transformism [M]. ALEGRE P: Cidade-Centro de Assessoria e Estudos Urbanos, 2007.

BAIOCCHI G, GANUZA E. Popular Democracy: The Paradox of Participation [M]. Stanford: Stanford University Press, 2016.

BAIOCCHI G, HELLER P, SILVA M K. Bootstrapping Democracy: Transforming Local Governance and Civil society in Brazil [M]. Stanford: Stanford University Press, 2011.

BAIOCCHI G. Militants and Citizens: The Politics of Participatory Democracy in Porto Alegre [M]. California: Stanford University Press, 2005.

BOSCHI R R. Governan a, Participa o e Eficiência das Políticas Públicas: Exame de Experiências Municipais no Brasil. Reforma do estado e mudan a institucional no Brasil [M]. Recife: Massangana, 1999.

Bourdieu Pierre. Language and Symbolic Power [M]. Cambridge: Polity Press, 1991.

BRUCE I. The Porto Alegre Alternative: Direct Democracy in Action [M]. London: Pluto Press, 2004.

Brunmartos M I, Lapsley I. Democracy, Governmentality and Transparency: Participatory Budgeting in Action [J]. Public Management Review, 2016, 19 (7).

BUZAN B. People, States and Fear: An Agenda for International Security Studies in the Post-cold War Era [M]. Colchester: ECPR Press, 2008.

YVES C. Participatory and Local Finances [M]. Porto Alegre: Network Urbal European Community e UMP-LAC, 2003.

CALHOUN C J. Habermas and the Public Sphere [M]. Cambridge, MA: MIT press, 1992.

CASTELLS M. The City and the Grassroots: A Cross-Cultural Theory of Urban Social Movements [M]. Berkeley: University of California Press, 1983.

Chavez Daniel, Benjamin Goldfrank. The Left in the City: Participatory Local Government in Latin America [M]. London: Latin American Bureau, 2004.

COHEN J L, AROTO A. Civil Society and Political Theory [M]. Cambridge, MA: MIT Press, 1992.

BOLL C, KOTHARI U. Participation, the New Tyranny [M]. London: Zed Books, 2001.

DAGNINO E. Meanings of Citizenship in Latin America [M]. Brighton: Institute of Development Studies, 2005.

SCHAAP L, DAEMAN H. Renewal in European local democracies: puzzles, dilemmas and options [M]. Berlin: Springer, 2012.

NELSON D. Hope for Democracy: 25 Years of Participatory Budgeting Worldwide [M]. Sao Bras de Alportel, Portugal: In Loco, 2014.

FISHKIN J. When the People Speak: Deliberative Democracy and Public Consultation [M]. Oxford: OUP Oxford, 2009.

FLORIDIA A. From Participation to Deliberation: A Critical Genealogy of Deliberative Democracy [M]. Colchester: ECPR Press, 2017.

Richard G F, STARN O, Between Resistance and Revolution: Cultural Politics and Social Protest [M]. New Brunswick, NJ: Rutgers University Press, 1997.

FUNG A. Empowered Participation: Reinventing Urban Democracy [M]. Princeton, NJ: Princeton University Press, 2004.

FUNG A, WRIGHT E O. Deepening Democracy: Institutional Innovations in Empowered Participatory Governance [M]. London: Verso, 2003.

GASTIL J. Political Communication and Deliberation [M]. Los Angeles: SAGE Publications, 2008.

Gaventa J, Barrett G. So What Difference Does it Make? Mapping the Outcomes of Citizen Engagement [J]. IDS Working Papers, 2010 (347).

GOLDSMITH S, CRAWFORD S. The Responsive City: Engaging Communities through Data – Smart Governance [M]. San Francisco: Jossey – Bass, 2014.

GILMAN H R. Democracy Reinvented: Participatory Budgeting and Civic Innovation in America [M]. Washington, D. C.: Brooking Institution

Press, 2016.

GOLDFRANK B. Deepening Local Democracy in Latin America: Participation, Decentralization, and the Left [M]. PA: Pennsylvania State Press, 2011.

GRET M, SINTOMER Y. The Porto Alegre Experiment: Learning Lessons for Better Democracy [M]. London: Zedbooks, 2005.

GUTMANN A, THOMPSON D. Why Deliberative Democracy? [M]. Princeton: Princeton University Press. 1996.

Grazia Grazia de, Ana Clara de Torres Ribeiro. Or amento participativo no Brasil [M]. S o Paulo: Editora Vozes, 2002.

HABERMAS J. Between Facts and Norms: Contributions to a Discourse Theory of Law and Democracy [M]. Cambridge, MA: MIT Press, 1996.

HABERMAS J. The Structural Transformation of the Public Sphere: An Inquiry into a Category of Bourgeois Society [M]. Cambridge: MIT Press, 1989.

JONES P, PERRY B, LONG P. Cultural Intermediaries Connecting Communities: Revisiting Approaches to Cultural Engagement [M]. Bristol: Bristol University Press, 2019.

KOONKINGS K. Surviving Regime Change? Participatory Democracy and the Politics of Citizenship in Porto Alegre, Brazil [M] //SILVA P, CLEUREN H. Widening Democracy: Citizens and Participatory Schemes in Brazil. Leiden: Brill, 2009.

BRUNO L. Reassembling the Social, an Introduction to Actor - Network-Theory [M]. Oxford: Oxford University Press, 2005.

LERNER J. Everyone Counts: Could "Participatory Budgeting" Change Democracy? [M]. Ithaca NY: Cornell University Press, 2014.

MATRANERS D, PIKE J. Debates in Contemporary Political Philosophy: An Anthology [M]. London: Routledge, 2005.

MANSBRIDGE J J. Beyond Adversary Democracy [M]. New York: Basic Books, 1980.

MANSBRIDGE J. On the Idea that Participation Makes Better Citizens [M] //STEPHEN L E, SOLTAN K E. Citizen Competence and Democratic Institutions [M]. University Park, PA.: Pennsylvania State University Press, 1999.

DOUG M, TARROW S, TILLY C. Dynamics of contention [M]. New York: Cambridge University Press, 2001. NABATCHI T, LEIGHNINGER M. Public Participation for 21st Century Democracy [M]. San Francisco: Jossey-Bass. 2015.

NEWTON K. Curing the Democratic Malaise with Democratic Innovations [M] //GEISSEL B, NEWTON K. Evaluating Democratic Innovations, Curing the Democratic Malaise. London: Routledge, 2012.

BAIOCCHI G. Radicals in Power: The Workers' Party (PT) and Experiments in Urban Democracy in Brazil [M]. London: Zed Books, 2003.

GUILLERMO O. Counterpoints: Selected Essays on Authoritarianism and Democratization [M]. Notre Dame, IN: University of Notre Dame, 1999.

GUILLERMO O, SCHMITTER P C, WHITEHEAD L. Transitions from Authoritarian rule: Prospects for Democracy [M]. Baltimore, MD: Johns

Hopkins University Press, 1986.

PATEMAN C. The Problem of Political Obligation: A Critical Analysis of Liberal Theory [M]. Chichester New York: Wiley, 1985.

PEIXOTO T, WEBER B. Technology Drives Citizen Participation and Feedback in Rio Grande do Sul [M]. Brazil: People Spaces Deliberation, 2012.

PORTA D D. Approaches and Methodologies in the Social Sciences: Comparative Analysis: Case-oriented versus Variable-oriented Research [J]. Methodologies in the Social Sciences, 2008.

CHARLES R. Public Policy and Citizenship [M] //REILLY C A. New Paths to Democratic Development in Latin America: The Rise of NGO-municipal Collaboration. Boulder, CO: Lynne Rienner Publishers, 1995.

Ribeiro L. C. D. Q., SANTOS J R, O. D. Globaliza o, Fragmenta o e Reforma Urbana: o Futuro das Cidades Brasileiras na Crise [M]. Rio de Janeiro: Civiliza o Brasileira, 1994.

RCKE A. Framing Citizen Participation: Participatory Budgeting in France, Germany and the United Kingom [M]. Berlin: Springer, 2014.

SANTOS W. G. D. Razes da Desordem [M]. Rio de Janeiro: Rocco, 1993.

SANJEK R. The Future of Us All: Race and Neighborhood Politics in New York City [M]. Ithaca NY: Cornell University Press, 2000.

ANWAR S. Participatory Budgeting [M]. Washington, DC: The World Bank, 2007.

IAN S. The State of Democratic Theory [M]. Princeton, NJ: Princeton

University Press, 2003.

Sousa Santos B. Democratizing Democracy: Beyond the Liberal Democratic Canon [M]. London and New York: Verso Books, 2005.

Sousa Santos B. Two Democracies, Two Legailities: Participatory Budgeting in Porto Alegre, Brazil [M]. Law and Globalization from Blow: Towards a Cosmopolitan Legality, 2005.

SUKSI M. Bringing in the People: a Comparison of Constitutional Forms of the Referendum [M]. Dordrecht: Martinus Nijhoff Publishers, 1993.

SVARA J H. Official Leadership in the City: Patterns of Conflict and Cooperation [M]. Oxford: Oxford University Press, 1990.

WAINWRIGHT H. Reclaim the State. Experiments in Popular Democracy [M]. Revised edition. London: Seagull Books, 2009.

WAMPLER B. Participatory Budgeting in Brazil: Contestation, Cooperation, and Accountability. [M]. PA: Pennsylvania State University Press, 2007.

WARREN M. Democracy and Associations [M]. Princeton, NJ: Princeton University Press, 2001.

四、外文期刊及其他

RUTH A, HEINSOHN N. Measuring Empowerment in Practice: Structuring Analysis and Framing indicators [R]. World Bank Policy Research Working Paper 3510. Washington, DC: World Bank, 2005.

AVRITZER L. New Public Spheres in Brazil: Local Democracy and Deliberative Politics [J]. International Journal of Urban & Regional Research,

2006, 30 (3).

BARBER B. Three Scenarios for the Future of Technology and Strong Democracy [J]. Political Science Quarterly, 1998, 113 (4).

Baiocchi, Gianpaolo, Patrick Heller, Marcelo Kunrath Silva. Making Space for Civil Society: Institutional Reforms and Local Democracy in Brazil [J]. Social Forces, 2008, 86 (3).

BAIOCCHI G. Participation, Activism and Politics: The Porto Alegre Experiment and Deliberative Democratic Theory [J]. Politics & Society, 2001, 29 (1).

CABANNES Y, LIPIETZ B. Revisiting the Democratic Promise of Participatory Budgeting in Light of Competing Political, Good Governance and Technocratic Logics [J]. Environment & Urbanization, 2018, 30 (1).

CARPINI M D, COOK F L, JACOBS L. Public Deliberations, Discursive Participation and Citizen Engagement: A Review of the Empirical Literature [J]. Annual Review of Political Science, 2004, 7 (1).

DAHNINO E. Os Movimentos Sociais e a Emergência de uma Nova No o de Cidadania [J]. Anos, 1994 (90).

DENNIS J. Political Independence in America, III: In Search of Closet Partisans [J]. Political Behavior, 1992, 14 (3).

PETER E. Development as Institutional Monocropping: The pitfalls of monocropping and the Potentials of Deliberation [J]. Studies in Comparative and International Development, 2004, 38 (4).

EVERS T. Identity: the Hidden Side of New Social Movements in Latin America [J]. D Slater New Social Movements & the State in Latin America,

1983, 43 (3).

Falanga R, Lígia Helena Hahn Lüchmann. Participatory Budgets in Brazil and Portugal: Comparing Patterns of Dissemination [J]. Policy Studies, 2019.

FLORIDIA A. Participatory Democracy versus Deliberative Democracy: Elements for a Possible Theoretical Genealogy. Two Histories, Some Intersections [C]. 7th ECPR General Conference, Bordeaux. 2013.

FONT J, GALAIS C. The Qualities of Local Participation: The Explanatory Role of Ideology, External Support and Civil Society as Organizer [J]. International Journal of Urban and Regional Research, 2011, 35 (5).

FUNG A. Survey Article: Recipes for Public Spheres: Eight Institutional Design Choices and Their Consequences [J]. Journal of Political Philosophy. 2003, 11 (3).

FUNG A. Reinventing Democracy in Latin America [J]. Perspectives on Politics, 2011, 9 (4): 857-871.

GANUZA E, BAIOCCHI G. The Power of Ambiguity: How Participatory Budgeting Travels the Globe [J]. Journal of Public Deliberation, 2012, 8 (2).

GILMAN H, WAMPLER B. The Difference in Design: Participatory Budgeting in Brazil and the United States [J]. Journal of Public Deliberation, 2019, 15 (1).

GOLDFRANK B. The Politics of Deepening Local democracy: Decentralization, Party Institutionalization, and Participation [J]. Comparative Politics, 2007, 39 (2).

GOLDFRANK B. The World Bank and the Globalization of Participatory Budgeting [J]. Journal of Public Deliberation, 2012, 8 (2).

Sónia Gonçalves. The Effects of Participatory Budgeting on Municipal Expenditures and Infant Mortality in Brazil [J]. World Development, 2014 (53).

GRAZIANO L A. Conceptual Framework for the Study of Clientelistic Behavior [J]. European Journal of Political Research, 1976, 4 (2).

Jabola-Carolus I. Growing Grassroots Democracy: Dynamic Outcomes in Building New York City's Participatory Budgeting Program [J]. New Political Science, 2017, 39 (1).

KOCKA J. Comparison and Beyond [J]. History and Theory, 2003, 42 (1).

JGASIL J, DILLARD J. Increasing Political Sophistication through Public Deliberation [J], Political Communication, 2001, 16 (1).

ROGER K. Globalization Makes States: Perspectives of Local Governance in the Age of the World City [J]. Review of International Political Economy, 1998, 5 (4).

KENNEDY J J, CHEN D. State Capacity and Cadre Mobilization in China: The Elasticity of Policy Implementation [J]. Journal of Contemporary China, 2018, 27 (111).

KNOBLOCH K, GASTIL J, Justin REEGY J, et al. Did they Deliberate? Applying an Evaluative Model of Democratic deliberation to the Oregon Citizens' Initiative Review [J]. Journal of Applied Communication Research, 2013, 41 (2).

MCNULTY S. Participatory democracy? Exploring Peru's Efforts to Engage Civil society in Local Governance [J]. Latin American Politics and Society, 2013, 55 (3).

MONTAMBEAULT F, GOIRAND C. Between Collective Action and Individual Appropriation: The Informal Dimensions of Participatory Budgeting in Recife, Brazil [J]. Politics & Society, 2016, 44 (1).

PARKINSON J. Localism and Deliberative Democracy [J]. The Good Society, 2007, 16 (1).

PATEMAN C. Participatory Democracy Revisited [J]. Perspectives on Politics, 2012, 10 (1).

NELSON P. New social movements: A Critical Review [J]. Annual Review of Sociology, 1997 (23).

Ribeiro A. C. T, de Grazia G. Experiências de Orçamento Participativo no Brasil: período de 1997 a 2000 [J]. Fórum Nacional de Participa o Popular, 2003.

SABEL C. Bootstrapping Development: Rethinking the Role of Public Intervention in Promoting Growth [R]. Protestant Ethic and Spirit of Capitalism Conference, Ithaca NY: Cornell University Press, 2004.

SALES T. Raízes da Desigualdade Social na Cultura Política Brasileira [J]. Revista Brasileira de Ciências Sociais, 1994, 25 (9).

SCOTT J C. Patron-client Politics and Political Change in Southeast Asia [J]. American Political Science Review, 1972, 66 (1).

SINTOMER Y, HERZBERG C, RCKE A. Participatory budgeting in Europe: potentials and challenges [J]. International Journal of Urban and

Regional Research, 2008, 32 (1).

SINOTMER Y, et al. Participatory budgeting worldwide [J]. Dialog Global, 2013 (25).

SINOTMER Y, HERZBERG C, RCKE A. Transnational Models of Citizen Participation: The Case of Participatory Budgeting [J]. Journal of Public Deliberation, 2012, 8 (2).

Smith N H. Charles Taylor: Meaning, Morals and Modernity. New York: John Wiley & Sons Inc, 2013.

SOMERS M R. Citizenship and the Place of the Public Sphere: Law, Community, and Political Culture in the Transition to Democracy [J]. American Sociological Review, 1993, 58 (5).

SOUZA C. Participatory Budgeting in Brazilian cities: Limits and Possibilities in Building Democratic Institutions [J]. Environment and Urbanization, 2001, 13 (2).

SOPANAH A. Ceremonial Budgeting: Public Participation in Development Planning at an Indonesian Local Government Authority [J]. Journal of Applied Management Accounting Research, 2012, 10 (2).

SPADA P. The Diffusion of Participatory Governance Innovations: A Panel Data Analysis of the Adoption and Survival of Participatory Budgeting in Brazil [C] // Latin American Studies Association. 2014.

ALFRED S. Brazil's Decentralized Federalism [J]. Daedalus, 2000, 129 (2).

SU C. From Porto Alegre to New York City: Participatory Budgeting and Democracy [J]. New Political Science, 2017, 39 (1).

TOUCHTON M, WAMPLER B. Improving Social Well-being through New Democratic Institutions [J]. Comparative Political Studies, 2014, 47 (10).

VAZ A. C. N. Modelando a Participa o Social: uma Análise da Propens o à Inser o em Institui es Participativas, a Partir de Características Socioecon micas e Políticas [J]. Revista Brasileira de Ciência Política, 2013, 1 (10).

WAMPLER B. Can Participatory Institutions Promote Pluralism? Mobilizing Low-income Citizens in Brazil [J]. Studies in Comparative International Development, 2007, 41 (4).

WAMPLER B. When Does Participatory Democracy Deepen the Quality of Democracy? Lessons from Brazil [J]. Comparative Politics, 2008, 41 (1).

WAMPLER B. Participatory Budgeting: Core principles and Key Impacts [J]. Journal of Deliberative Democracy, 2012, 8 (2).

WAMPLER B. Participation, Representation, and Social justice: Using Participatory Governance to Transform Representative Democracy [J]. Polity, 2012, 44 (4).

WAMPLER B. Entering the State: Civil Society Activism and Participatory Governance in Brazil [J]. Political Studies, 2012, 60 (2).

Yeh Hsin-Yi, Kuo-Ming Lin. Distributing Money to Commemoration: Collective Memories, Sense of Place, and Participatory Budgeting [J]. Journal of Public Deliberation. 2019, 15 (1).

后　记

　　2020年春，新冠肺炎疫情席卷了全球，影响了每个人的日常生活，也包括这一年将要毕业的学生。如果将时间拉长，这次传染病肆虐的影响也许在日后会逐渐减轻，变为人们口中的谈资，失去它当初带给人们惊心动魄的意义。正如一份博士论文对于个体生命历程的意义一样，也可能像本研究所关注的参与式预算一样，现实充满了各种不确定性。

　　评估和解释任何制度的改革以及它的影响力都是艰难的，对于我而言，这份研究最大的挑战是如何平衡我同时作为一名研究者和实践者角色的问题。预算参与作为一项新生的事务，背后却有着悠久的理论传统。它饱受赞誉，却也遭遇失败的冲击；它让居民切切实实得到了实际利益，给政客以政绩，但不一定能维持一个长远有效的发展生态。

　　作为一篇政治学领域的研究，我主要关注的是地方层级的叙事。这是因为我认可国家不是抽象、浅层的存在，它具有深度和厚度，不止是在历史纵深上，也在社会空间的活化中。政治如果要凝聚共同体的密度，那么地方层级永远不能够被漠视。常见的宏大论述中充斥了国家层级的语言，却无法照顾到地方的特殊性需求。参与式预算不是这样的，它将冰冷的政治细节注入人情的关怀，将公民的作用推到前台。在这个过程中，我们相信公民的智识、理性和参与公共事务的能力，并且，我们见证了公民参与能力的培养过程。

在将博士论文修改成书之际，我仍然明白本篇研究还有诸多需要修改的地方，对于自己都未能满意的作品而言，在这里感谢别人似乎有稍许唐突。但是博士研究四年，的确给我开启了一个多彩纷呈的旅途，让我得以接触很多新鲜有趣的事务，加深我对现实政治和政治学研究的理解。

在这里我最想感谢的是我的恩师沈明明老师，他以一种崭新的方式教会我如何开展我的学术人生。这种新的体验不仅包括政治学理论与方法的指导，还有一种对历史和现状敏锐的观察力以及对学术著作的品位。最让我回味的是和沈老师一同去地方调研的经历，其时其地，官员、学者和民众在一起。他让我更好地辨清自己的位置和角色，并最大效率地完成专业工作。我有很多自己一个人去与政府、民众打交道的经历，每当遇到大或小的问题时，我总是想，"要是沈老师在就好了"。他像定海神针一样把控全局，在我境外交流、写作博士论文、找工作期间都给予最大限度的鼓励和支持。在人生的旅途中，我永远是沈老师新的门徒。

生活总是充满了各种情绪的交织，有感谢就会有歉意。在这四年当中，我最抱歉的就是北京大学中国国情研究中心的严洁老师，非常抱歉因为自己的事务耽误了很多向她学习的机会。同样作为女性研究者，严老师是我学术生涯的榜样，几乎在所有方面，我都与这名榜样相距甚远。严老师学识上的机敏、项目统筹中的智慧都是我想要继续追随她的地方。作为一名即将也要走上讲台的新人，如果一时达不到要求，那么我希望先学习她温煦的待人风度和严谨的备课精神。

我们博士生的学习一直是由导师组来全程辅导的，因此这里特别感谢王丽萍老师、金安平老师、徐湘林老师、张长东老师从入学面试以来全过程的指导。王老师治学和教人方面都堪称女性老师的典范，我十分怀念和王老师一起在园子里吃饭、向她倾诉学业问题的时刻，景色与节奏都让人舒适。金老师是政党研究的大咖，出于对同样议题的兴趣，我还经常未曾预约就闯进她的办公室向她八卦最新时政进展，在美国看竞选的时候，我总是将文宣品拿两样，希望回来向她展示（疫情原因竟然还一直未曾拿给她）。徐老师是为我个人研究方向把关的一位师长，他非常理解我的研究关切，在我要走偏的时候即时将我拉回来，教我从更多元的角度去看待问题，这种指路人的恩情，每每想来都非常感谢。张老师则是一位让我们青年学子格外仰慕的学者，不仅是因为他的研究做得细致深入，更因为他的经历让人有"可复制感"。事实上，我们后来发现，这种"可复制感"不过是因他亲和力造成的假象，张老师的天赋和勤奋远远超乎常人之上。同时，我还特别感谢政府管理学院的何增科老师和苗庆红老师，他们都在我学业成长的各个阶段给予不同的支持和帮助，是我学习的榜样。

四年燕园的生活，我非常感谢北京大学给予的学术平台，这份学校荣誉带来的是"便捷"同时也是一份成长的"压力"，我希望自己在国际交流上能给母校发声。我非常感谢中国台湾政治大学和美国哥伦比亚大学给予我不同的学术视野和生命体验，特别感谢政大政治系主任盛杏湲老师和选举研究中心陈陆辉老师以及哥伦比亚大学政治系主任Timothy Fye 提供的指导。在台北和纽约，我都不是典型意义上的好学生，我追踪了一系列有关选举、社区营造、社运、强拆、progressive democrats 的活动。在这个过程中，我得到太多"贵人"的帮助，有台北海洋技术大学的吴建忠老师、纽约市立学院的 Michael Menser 老师，还包括我每一次街头活动中结交的小伙伴们。那些在立法院门口高唱国际歌、在大观社区尾牙晚会上包元宵、在纽约市议会旁听听证会、在投票所工作、穿梭在纽约五个大区不同地区会议上的体验，极大丰富了我人生的广度，成为永恒的记忆和想念。

本书是关于参与式预算的研究，此处，也得到太多人的帮助，包括文中所提到的"参与式预算计划"（PBP）以及后来建立的 Global PB Hub。他们让我与国际同仁有更进一步的交流，这里特别感谢我亲爱的好朋友 Nelson Dias、Josh Lerner、Tarson Núñez、Anastasia Fadeeva、William Onyango、Stefano Stortone 等。我从他们身上不仅学到各国预算参与的做法，更重要的是，他们作为在各国国内公共事务中的积极活跃的学者，给我提供了一个衍进中的他国政治发展的样貌，并破除了我很多之前的迷思，他们几十年如一日的热情鼓励着我继续为公共服务提供学术咨询的信念。同国际合作者的相处让我认识到，理念不会是空洞的，每代人的生命最终都能淬炼出具有历史感和未来性的潜能。

关于参与式预算，从引入概念到在中国落地，我见证了它全部的成长，这个过程离不开 Jennifer Eriken 的牵线和帮助，她总是那么热心中国事务。离不开世界与中国研究所李凡老师长久以来对中国改革的付出，更离不开各个地方政府基层干部的支持。我没有将这个感谢名单列出来，但是我必须承认，在当前中国基层的治理改革中，"高位推动"仍然是一个不争的事实。可是我更想感谢的是，在工作中我所接触的各街道和社区的工作人员。和他们在一起修改方案，讨论细节乃至于采购物品等是我最欢欣的时光。我也很抱歉我们的项目在客观上给大家带来了诸多任务，这是我思考的起点，"为什么一件在理论上看起来完美无瑕，历经了实践检验的事情在落地时会发生偏差"。在参与式预算的项目中，最要感谢的是每个试点辖区范围内的民众和志愿者，是他们对公共生活的关切支撑我们继续走下去。在美舍河、赣江边，在绳金塔和椰子林下，都留下我珍贵的记忆。我从未忘记自己的出发点，我更想通过每一轮项目来观察，这种"自下而上"的动力是否在萌芽，在发展，在改善资源的分配。

最后，我想将本书作为礼物献给我最深爱的办公室——曾经的北京慧苑华侨公寓9-1-1403室。在那盏温暖的黄色灯光下，我开始了最初的旅程，接受李老师"手把手"的言传身教，它让我明白，自由真的是一件无比美妙的事情。在那间狭小的图书室，只要一仰头就能拿到最想要的书。后来，我在中研院的图书室、美国国家档案馆、哥大图书馆也度过很多时光，可是没有一处能比得上1403在我心中的地位。在这里，曾经流动了多少有理想有情怀、同时敢作敢当的人，也有多少温馨而甜蜜的故事，我希望能带着1403的感动，一直自由地走下去。

项皓

北京语言大学人文社会科学学部

2021年6月23日